Más allá del pensamiento positivo:

Una fórmula práctica para obtener los resultados que buscas

Robert Anthony

Más allá del pensamiento positivo:

Una fórmula práctica para obtener los resultados que buscas

EDICIONES OBELISCO

Colección Psicología
MÁS ALLÁ DEL PENSAMIENTO POSITIVO
Robert Anthony

1.ª edición: marzo de 2019

Título original: *Beyond positive thinking*

Traducción: *Antonio Cutanda*
Corrección: *Sara Moreno*
Diseño de cubierta: *Enrique Iborra*

Edita: Ediciones Obelisco, S. L.
Collita, 23-25. Pol. Ind. Molí de la Bastida
08191 Rubí - Barcelona - España
Tel. 93 309 85 25 - Fax 93 309 85 23
E-mail: info@edicionesobelisco.com

ISBN: 978-84-9111-427-7
Depósito Legal: B-4.596-2019

Printed in Spain

Impreso en España en los talleres gráficos de Romanyà/Valls S. A.
Verdaguer, 1 - 08786 Capellades (Barcelona)

Nota del traductor y del editor

Los tiempos y la justicia social exigen que nos enfrentemos a nuevos retos que hace ya mucho tiempo deberían haberse asumido. Uno de ellos es el del *lenguaje de género,* y sin duda el castellano no es un lenguaje fácil para conciliar la igualdad de género en sus adjetivos y sustantivos.

A lo largo de este texto, se ha intentado equiparar géneros en el lenguaje. Considérese ésta una advertencia para que nadie se asombre ante el uso indistinto del masculino y el femenino a lo largo del texto.

Introducción

por Joe Vitale

Hace alrededor de quince años pasé una larga temporada estudiando los libros del doctor Robert Anthony y pensando que se trataba de la obra de un genio. De hecho, aquellos libros me ayudaron mucho más que ninguna otra cosa que hubiera leído o hecho en aquella época de mi vida.

Todavía considero que su libro *La fórmula avanzada para el éxito total* es una obra maestra, pero lo que realmente me influyó más fue una serie de grabaciones en audio denominadas «Más allá del pensamiento positivo», grabadas por el propio doctor Robert Anthony.

Recuerdo que escuchaba aquellas grabaciones para luego discutir con mis amigos las ideas que transmitía, y todos nos maravillábamos con cuánto aprendimos de ellas. Ciertamente, aquel material nos reveló los secretos del universo. Pero mi vida continuó y, por último, perdí el rastro a aquellos libros y a las grabaciones del doctor Robert Anthony. Me mudé de casa unas cuantas veces, pasé por un divorcio, escribí mis propios libros, hice también audios con mis propios materiales y proseguí mi camino, construyendo poco a poco mi propio éxito en el mundo.

Aunque ya casi no me acuerdo del doctor Robert Anthony, nunca he olvidado lo que aprendí de él. El estudio de su obra había infundido en mí una mentalidad de éxito que me había ayudado a convertirme en la persona que soy hoy en día.

Entonces, un día ocurrió algo sorprendente. Al abrir mi correo electrónico me encontré con un mensaje de alguien que decía que se llamaba doctor Robert Anthony. No me lo podía creer. ¡Pensaba que habría muerto! Pero resultó que estaba vivo y en perfecto estado, y vivía en Australia. Me había escrito para decirme que era un gran admirador de mi bestseller *Spiritual Marketing.*

Imagina lo que me sorprendió leer todo aquello. ¡El mismo hombre al que yo había estado estudiando hacía quince años aparecía de pronto en mi vida diciendo que le encantaban mis libros! Y no sólo eso, sino que también quería que escribiéramos juntos un libro. ¡Increíble! Y eso hicimos; publicamos el eBook *Spiritual Marketing in Action.*

Sin embargo, eso no es lo mejor de la historia. Después de haber vuelto a oír hablar del doctor Anthony, de escribir juntos un libro y de conocerle, aún me proporcionó otra sorpresa más cuando me dijo que aquel libro que tanto me había gustado, *La fórmula avanzada para el éxito total,* se había basado en realidad en su famosa serie de audios *Más allá del pensamiento positivo.*

También me comentó que el libro y los audios estaban descatalogados, pero que estaba actualizando todo el material y que quería volverlo a publicar todo en una nueva versión titulada *Más allá del pensamiento positivo.*

Y entonces me preguntó si estaría interesado en grabarlo. ¿Te lo puedes creer? La vida es una cadena de milagros, de manera que ahí estaba yo, Joe Vitale, grabando los más sabios consejos de autoayuda de todos los tiempos.

Se trata de un material que gusta mucho a la gente que se compra un montón de ejemplares para regalárselos a sus amigos y familiares. Éste es el material que cambió mi vida, el verdadero Santo Grial del desarrollo personal, y espero que te aporte tanto como me aportó a mí.

Doctor Joe Vitale
http://beyondpositivethinking.com
www.mrfire.com

Bienvenida

Estás a punto de comenzar un viaje que podría cambiar profundamente tu existencia, ya que en este libro voy a proporcionar una forma práctica de crear cualquier cosa que desees.

Todo lo que estás a punto de aprender se basa en unas contrastadas técnicas psicológicas y metafísicas, así como en los principios imperecederos del éxito.

Pero ¿realmente funcionan estas técnicas y estos principios? Respeto tu inteligencia hasta el punto de saber que no basta con que te diga que sí que funcionan y esperar que me creas. La única prueba de que estas técnicas y principios funcionan se halla en los resultados que obtendrás *si los utilizas*. Yo te puedo hablar *de* todo ello, pero nada te va a resultar tan convincente como usarlos y comprobar por ti mismo los resultados.

Todos hemos comprado libros de autoayuda y programas de audio y hemos ido a seminarios con los que se suponía que íbamos a mejorar nuestro rendimiento y a cambiar nuestra vida. Al terminarlos, todos nos hemos sentido muy motivados, e incluso hemos realizado cambios de manera temporal, ¡pero sólo para descubrir al cabo de pocos días o semanas que estábamos de vuelta en el punto de partida!

¿Por qué? Porque no nos mostraban el modo de hacer cambios permanentes y duraderos. Estas soluciones suelen ser como poner glaseado sobre un pastel recién horneado. Por apetitoso que parezca el glaseado, vamos a tener que vérnoslas con lo que hay debajo de él. El glaseado es el pensamiento positivo y el pastel son las impracticables creencias que nos impiden generar resultados positivos.

Este libro trata de cómo generar resultados positivos, de cómo hacer realidad nuestras ideas y sueños. Si lo que estás buscando es un libro inspirador, con luminosas dosis de pensamiento positivo, salpicado de coloridas historias de casos, que te absorba un tiempo y un espacio valiosos, entonces éste no es tu libro.

Sin embargo, si lo que buscas es una metodología práctica que vaya más allá del pensamiento positivo, entonces este libro te resultará ciertamente valioso.

Tienes en tus manos una fórmula contrastada para el éxito que te permitirá ir más allá del pensamiento positivo para generar los resultados que deseas. Eso sí, tendrás que comprometerte en ello, pero, al final, habrá valido la pena cada minuto que hayas dedicado a este estudio.

Me siento privilegiado por haber tenido la oportunidad de compartir esta información contigo. Y ahora, si estás listo, comencemos con nuestro viaje.

Capítulo I

Pensamiento positivo, pensamiento negativo, pensamiento correcto

El punto de partida para hacer cambios permanentes y duraderos en tu vida comienza por comprender la diferencia que existe entre pensamiento «positivo», pensamiento «negativo» y pensamiento «correcto».

Imagina que una persona comienza a tocar el piano, pero sin armonía alguna, sin equilibrio, sin interpretar una melodía real, porque lo único que hace es pulsar las notas equivocadas. Esta persona terminará harta de tanto sonido inarmónico, de no disfrutar ni sentir placer alguno con su música, y acabará buscando a un(a) profesor(a). Y el(la) profesor(a) le dirá: «Dispones de la capacidad para tocar el piano, pero tienes que comprender la música primero».

Del mismo modo, todos disponemos de la capacidad para jugar el juego de la vida con equilibrio, armonía y alegría, pero necesitamos conocer primero las reglas y los principios.

La vida opera de acuerdo con el principio y la ley física. Si no lo hiciera, no podrías volar en un avión, porque no habría gravedad, no existiría la electricidad y uno más uno no sería igual a dos. Las leyes del universo son totalmente fiables.

Pero las leyes universales no sólo son fiables, sino también inalterables. Puedes fiarte de ellas, pues operarán siempre y en toda ocasión. En esencia, el universo nunca te dejará en la estacada. Al universo no le importa la edad que tienes, si eres mayor o joven, si eres bajo(a) o gordo(a), si eres delgado(a); tampoco le importa qué religión profesas ni tu nacionalidad ni si eres hombre o mujer. El poder, la fuerza o la energía es neutral y los dirigimos a través de nuestras ideas y creencias.

Tu palabra es ley

Lo que estamos diciendo es que tu palabra es ley en el universo, pero tienes que conocer esas leyes. Si no comprendes las leyes, si insistes en tu ignorancia, no vas a poder crear lo que deseas.

La ley fundamental ante la cual se conforman el resto de leyes es la ley de causa y efecto. La ley de causa y efecto dice que el efecto o resultado de cualquier situación debe ser equivalente a la causa. La causa es siempre una idea o creencia. Otra forma de describir la ley de causa y efecto es con el ejemplo de la siembra y la cosecha, o de acción y reacción. O bien, situándolo en un contexto más moderno: *mis ideas se crean en mis resultados.*

La ley de causa y efecto es impersonal, al igual que la luz del sol. Si estás al sol, recibes el calor y los beneficios curativos de los rayos del sol. Si estás a la sombra, es como si el sol no brillará para ti, pero ¿quién te puso a la sombra? ¿Quién te puso en la oscuridad? La verdad es que estamos en la oscuridad debido a nuestra propia ignorancia.

El problema de la ignorancia

Lo repito, la ley de causa y efecto es *impersonal,* razón por la cual vemos cómo tantas personas buenas tienen que enfrentarse a tantos problemas y desastres en su existencia. En algún momento de su vida, esas personas han utilizado o comprendido mal la ley. Eso no significa que sean personas malas. No quiere decir que no sean personas cariñosas y amables. Significa que, por ignorancia o por una mala comprensión, esas personas han utilizado mal la ley. Esto se puede aplicar a cualquier ley natural. Por ejemplo, ni la ley de la aerodinámica ni la ley de la gravedad te van a matar, pero sí puede matarte una mala comprensión de su funcionamiento, por muy amable, cariñoso(a) y positivo(a) que seas.

El universo es como un río. El río no deja de fluir. Al río no le importa si te sientes feliz o desgraciado, si eres bueno o malo; él simplemente sigue fluyendo. Hay personas que bajan al río y lloran. Hay personas que bajan al río y son felices, pero al río no le importa; él simplemente sigue fluyendo. Podemos utilizar el río y disfrutar de él, o podemos zambullirnos y ahogarnos. El río simplemente sigue fluyendo porque es impersonal, y lo mismo ocurre con el universo. El universo en el que vivimos puede sustentarnos o destruirnos. Es el uso que hagamos de las leyes y la interpretación que les demos lo que va a determinar los efectos y sus resultados en nosotros.

Sólo podemos recibir lo que nuestra mente es capaz de aceptar. Podemos ir hasta el río de la vida con una cucharita de té, mientras que otros pueden ir con una copa. Quizás otra persona vaya con un cubo, mientras que otra puede ir con un barril. Pero la abundancia del río está allí siempre, esperando. Nuestra consciencia, nuestras ideas, nuestro marco de referencia y nuestro sistema de creencias determinarán si vamos al río de la vida con una cucharita de té, una copa, un cubo o un barril.

Si somos pobres en nuestro pensamiento y nos hemos ido al río de la vida con una cucharita de té, es muy posible que maldigamos lo poco que nos va a caber en la cucharita. Podemos maldecir a los demás, a aquellos que tienen más que nosotros, pero recuerda: cualquier cosa que maldigamos nos maldecirá a nosotros. El río está ahí, y está rebosante de abundancia. Podemos ir al río de la vida con una cucharita de té, con un cubo o un barril en cualquier momento que se nos antoje. Lo que tomemos del río de la vida dependerá de nosotros. La única limitación se halla en nuestra mente. La verdad es que podemos tener todo lo que queramos si renunciamos a la creencia de que no podemos tenerlo. Es tan sencillo como eso.

Las creencias se convierten en limitaciones

Las experiencias por las que hemos pasado a lo largo de nuestra vida nos han llevado a creer ciertas cosas acerca de nosotros(a)s mismo(a)s. Sin embargo, no importa si esas creencias son ciertas o no, porque, si las aceptamos como ciertas, entonces serán ciertas para nosotros. Si decimos lo que tenemos que decir el tiempo suficiente, se convertirá en ley del universo. Por el contrario, habla de tus limitaciones con la suficiente intensidad y las limitaciones serán tuyas. Es indiferente que tus creencias sean verdaderas o sean absolutamente demenciales; si las aceptas como ciertas, tu vida estará determinada por ellas.

El hecho de aceptar una idea indica que el momento de esa idea ha llegado y que no habrá nada capaz de detenerla. Si lo que hemos aceptado es una idea de carencia o limitación, entonces habrá llegado el momento para esa idea en nuestra vida. No habrá nada que podamos hacer al respecto, salvo cambiar de idea. Si plantas una semilla, crecerá. Si plantas un tomate, tendrás tomates. El tomate no va a cambiar de opinión y se va a convertir en un pepino por el mero hecho de que piense que el pepino va a ser mejor para ti. La tierra te va a dar tomates en tanto en cuanto tú sigas plantando tomates, aunque seas alérgico(a) a ellos.

Observa las creencias que constituyen la base de tu vida. Tenemos miles de creencias que hemos ido acumulando con el transcurso de los años: actitudes, ideas, opiniones y condicionamientos; y estamos tan llenos de lo que sabemos que, cuando alguien nos contradice, nos cuadramos y pensamos: «No me cuentes historias. Yo sé en lo que creo. ¿Cómo te atreves a intentar cambiarme? En esto se basa toda mi vida, y ahora vienes tú a decirme que podría estar equivocado. No estoy dispuesto ni siquiera a escucharte». Vivimos con una serie de creencias a las que llamamos religión, una serie de creencias a las que denominamos política, una serie de creencias acerca de nosotros(a)s mismo(a)s, una serie de creencias acerca de las personas que nos gustan y las que no nos gustan, y una serie de creencias acerca de todo lo demás.

Muchas de las cosas que creemos (obtenidas a partir de experiencias pasadas, de personas concretas y de colectivos) no son ciertas, pero hemos querido creer que lo son por pura necesidad de supervivencia. El hecho de que la voluntad de vivir y la necesidad de certidumbres sean tan intensas hace que creemos reglas acerca de la naturaleza de la vida y su desarrollo, y estas reglas se convierten en creencias. Por desgracia, tales creencias también se pueden convertir en limitaciones.

Deshazte de las creencias erróneas

Lo cierto es que sólo podemos tener éxito en la medida en que estemos dispuestos a desprendernos de nuestras creencias erróneas. Normalmente, nos sentimos mal, fracasados o con carencias debido a las limitaciones de nuestra mente.

Lo triste de todo esto es que, aunque sepamos que existen áreas en nuestra vida que no van a funcionar, seguimos, no obstante, teniendo miedo a cambiar. Estamos encerrados en nuestra zona de confort, por muy autodestructiva que pueda ser y, sin embargo, la única manera de salir de ella y de liberarnos de nuestros problemas y limitaciones pasa por la incomodidad. Sólo experimentaremos la libertad en proporción directa a la cantidad de verdad que estemos dispuestos a aceptar sin echar a correr.

Tenemos que dejar de engañarnos a nosotros mismos y dejar de culpar a los demás, no podemos seguir huyendo de la toma de decisiones desagradables, y convendrá enfrentarse a la verdad de que quizás hayamos aceptado creencias impracticables que son consecuencia directa de los acontecimientos vividos. No se trata de ir del pensamiento negativo al pensamiento positivo. Se trata de dirigirse hacia el «pensamiento correcto», lo cual significa encaminarse al conocimiento de la verdad absoluta respecto a quiénes somos y cuál es nuestra relación con la vida.

El pensamiento correcto, que se basa en la verdad y no en la ilusión, es el fundamento que determina la solidez del resto de pensamientos. El pensamiento positivo y el pensamiento negativo se filtran a través de nuestro sistema de creencias. Sin embargo, el pensamiento correcto procede del hecho de ser consciente de la verdad o de la realidad de cualquier situación.

La verdad os hará libres

Intenta conocer siempre la verdad respecto a cualquier situación en la cual te halles involucrado(a). Mira más allá de tu actual sistema de creencias y pregúntale a tu Yo Superior: «¿Cuál es la verdad de esto?». Tu Yo Superior te revelará siempre la verdad, aunque para eso tienes que estar dispuesto(a) a escucharla. Y cuando te conduces en función de la verdad utilizas el pensamiento correcto. No es una cuestión de ser positivo(a) o negativo(a), sino de simplemente ser tú mismo(a). Y cuando eres tú mismo(a) –lo cual significa dejar que tu Yo Superior te revele la verdad–, toda situación en la que te halles involucrado(a) se resolverá a la perfección. Quizás te parezca mágico, pero no es más que la ley de causa y efecto en acción.

El punto de partida del éxito

El objetivo de todos los grandes maestros desde los inicios del tiempo ha sido el de despertarnos a la verdad de que nosotros creamos nuestra propia realidad. Y, más importante aún, nos han enseñado que somos responsables de todo lo que ocurre en nuestra vida. Y aquí hay que incluir lo bueno, lo malo y lo feo.

Si creemos que alguien o algo externo a nosotros mismos es la causa de nuestro problema, nos pasaremos la vida mirando hacia fuera en busca de soluciones. Con el fin de encontrar las verdaderas respuestas a nuestros problemas, tenemos que comenzar por mirarnos de una forma novedosa, lo cual nos llevará a ver a los demás y a los acontecimientos de una forma asimismo novedosa. El mundo exterior es en muchos aspectos una reproducción de nuestro mundo interior, y conviene que nos demos cuenta de esto. ¿A cuántas personas con problemas conoces que no le han prestado ni la más mínima atención a este hecho? Por mucha determinación que se ponga, por mucha fuerza de voluntad, inspiración o motivación que se ponga, no vas a resolver tus problemas si miras hacia fuera en busca de respuestas.

La ley de atracción

Todo nos llega a través de la más elemental ley de la física: ¡LO SEMEJANTE ATRAE A LO SEMEJANTE! Esto recibe el nombre de ley de atracción.

La ley de atracción, al igual que el resto de leyes naturales, opera con una exactitud matemática. Es imparcial e impersonal, lo cual significa que funciona cuando tú quieres que funcione y cuando no quieres, también.

No tiene nada que ver con tu personalidad, con tus creencias religiosas, con ser «buena» o «mala» persona ni con cualquier otra cosa. Nadie se puede librar de esta ley. Es una ley irrefutable tan real como la ley de la gravedad.

Antes de que se identificara la ley de la gravedad, nadie sabía de su existencia y, sin embargo, todo el mundo se veía afectado por ella. Pues bien, lo mismo ocurre con la ley de atracción. La mayoría de la gente no es consciente de cómo funciona y, sin embargo, todo el mundo se ve afectado por ella.

No necesitas saber cómo funciona la ley de la gravedad para no salir flotando al espacio, y tampoco necesitas saber cómo funciona la ley de atracción para que opere en tu vida.

Quizás no te hayas dado cuenta hasta ahora, pero todo cuanto ocurre en tu vida es algo a lo que tú invitas, algo que tú atraes y creas, y en esto no hay excepciones. Quizás no sea una buena noticia que tu vida no vaya de la forma que te gustaría, y dado que la mayoría de las personas no estamos demasiado contentas con lo que hemos creado en nuestra vida, nos hemos convertido en unos consumados maestros en atraer masivamente circunstancias que preferiríamos no tener que afrontar. La mente atrae todo cuanto le resulta familiar. La mente miedosa atrae experiencias de miedo. Una mente confusa atrae más confusión. La mente abundante atrae más abundancia.

Dado que atraemos aquello en lo que pensamos, tendría pleno sentido que tomáramos conciencia de los patrones de pensamiento subconscientes que controlan nuestra existencia.

Tú siempre tienes «razón»

La principal función de la mente subconsciente es seguir las instrucciones de la mente consciente, y lo hace «demostrando» que es verdad cualquier cosa que la mente consciente crea. Dicho de otro modo, el trabajo de la mente subconsciente es demostrar que la mente consciente siempre tiene «razón».

Así pues, si tú crees conscientemente que no puedes ser, hacer o tener algo, el subconsciente creará las circunstancias y encontrará a las personas necesarias para demostrarte que tienes «razón». El subconsciente funciona como el piloto automático de un avión. Si se programa el piloto automático para que vaya hacia el este, tú puedes anular de forma manual los controles para ir hacia el norte, pero, en cuanto sueltes los mandos, el piloto automático, que ha sido programado para ir hacia el este, tomará el control del avión y se dirigirá hacia el este.

Tu subconsciente no cambia la realidad del mundo que te rodea, sino que simplemente filtra la información que tú le presentas con el fin de apoyar tus creencias o la imagen que tú te has creado en la mente. Por ejemplo, si crees que el negocio va mal, o que no existen nuevas oportunidades para tu negocio, tu subconsciente ignorará todas las nuevas oportunidades que se puedan presentar. Más bien, sólo te presentará problemas que apoyen tu creencia de que las cosas van mal o de que no existen nuevas oportunidades.

El subconsciente no piensa por sí mismo, de modo que te presentará sólo aquellas cosas que sean coherentes con tus creencias más profundas, nada más y nada menos. Y si tú no sabes esto y no te das cuenta de que creas la realidad a partir de tus ideas, te sentirás impotente a la hora de intentar cambiar tu vida para mejor, y te sentirás víctima de los demás, de las circunstancias y de las condiciones.

Por otra parte, si aceptas tu impotencia, buscarás algo o alguien fuera de ti para que cumpla tus deseos. Cuando comprendas que todo cuanto quieres lo puedes crear a través de tu mente, mediante el uso del pensamiento correcto, que es simplemente pensamiento nítido, te darás cuenta de que sólo tú puedes concederte lo que quieres.

Confía en tu poder creativo

Para crear lo que quieres tienes que confiar en el poder que hay dentro de ti. Ahora bien, cuando se te dice que confíes en el poder que hay en tu interior es posible que digas: «Mira el hambre, la enfermedad, la guerra y los crímenes que hay en el mundo. ¿Me estás diciendo que confíe en el poder? Si ese poder existiera, ¿por qué iba a permitir que ocurriera todo eso?».

Bien, la verdad es que el poder no *permite* que ocurra nada. Recuerda, dijimos que el poder es *neutral.* Es, simplemente, el Poder de la Creación. Es la fuerza impersonal de la vida. Podemos utilizar ese poder, o fuerza vital, para crear cualquier cosa que queramos en nuestra vida. Aún cuando elijamos desde la ignorancia, no importa, pues el poder nos sustentará en nuestra ignorancia hasta que aprendamos de ella. *El efecto siempre será equivalente a la causa.* Si estamos en la cuneta, eso significa que el poder sustentará que estemos en la cuneta. Si disfrutamos de un éxito tremendo, eso significa que el poder sustentará nuestro éxito. Todo emerge de nuestras ideas.

El pensamiento dirige el poder

Antes comentamos que *nuestras ideas se crean en nuestros resultados.* Por decirlo de otro modo, *se hace en ti según tú creas,* no según tú quieras, sino según tú creas. Hay una diferencia muy grande entre ambas. Cuando tú piensas, el universo se mueve. Esto significa que, si tú pones una idea en el universo, las personas, los lugares y las cosas entrarán en tu vida para hacer realidad esa idea. Cuando pensamos, en realidad hacemos que las cosas ocurran.

Observa lo que este poder ha hecho en el universo. Mira a tu alrededor y contempla tan maravillosas creaciones, infinitas en número. Lo mejor de todo es que ese mismo poder está en tu interior, y cuanto más te abras, cuanto más sensible y receptivo(a) te hagas a ese poder, mucho más satisfactoria será tu vida. Si esto es así, ¿cómo funciona entonces el poder? Tú y yo somos usuarios indirectos del poder. Permíteme que lo explique.

Cuando has puesto tu automóvil en marcha esta mañana, ¿qué has tenido que hacer? Bien, has tenido que girar la llave, la cual activó un pequeño motor de arranque, que, a su vez, ha puesto en marcha el motor. El motor de arranque se alimenta eléctricamente, pero ¿cuál es la *fuente directa* de esa electricidad? ¿Es la batería? No, no lo es. La batería no es una fuente independiente. Hay que cargarla. Pues bien, tu

Yo Superior es como la batería del vehículo, una batería interior que recibe su poder o energía del universo. El Yo Superior almacena ese poder para que lo utilices con propósitos creativos.

En el campo científico existe una fórmula conocida como ley de Ohm que afirma que C es igual a E dividido por R (C = E/R). C es igual a la cantidad de energía eléctrica disponible para tu electrodoméstico en el lugar donde lo vas a enchufar. Por ejemplo, C es igual a la cantidad de electricidad necesaria para que funcione tu tostadora. La energía necesaria para que funcione el electrodoméstico es el resultado de E, que es la fuente de energía o poder directa, dividida por R, que es la resistencia que la energía encuentra en su camino para llegar hasta allí. Ahora bien, supón que la acometida de energía que llega al edificio donde está tu casa es de 750.000 voltios, pero que entra en tu casa a entre 110 y 220 voltios para hacer funcionar tus electrodomésticos. Para reducir el voltaje se utilizan transformadores en la línea de energía. De este modo se reduce la potencia con la que la energía entra en tu casa, con el fin de hacerla más segura.

Esto es equiparable al poder que tienes a tu disposición. Tú puedes disponer del poder máximo del universo, pero ese poder tiene también una sabiduría infinita, que es lo que podríamos equiparar con el transformador. Aunque tu Yo Superior esté enchufado al poder máximo del universo, este poder dispone también de la sabiduría suficiente como para poner algunos transformadores en medio que lo aíslen, no sea que te llegue demasiada potencia antes de estar preparado(a) y te abrases.

Ahora bien, si lo que quieres es dejar pasar más potencia, ¿qué tendrás que hacer? Tendrás que crear menos resistencia, y tendrás que cambiar la instalación, el cableado, para que se adecue al flujo de energía adicional.

Cómo disponer de más poder

Este poder es como el agua de la que hablábamos antes, en el sentido que, si lo que quieres es transportar mayores cantidades, vas a necesitar un contenedor más grande. No esperes que poder ponerlo en marcha simplemente por el mero hecho de que el Yo Superior esté enchufado al poder máximo, a la inteligencia y a la sabiduría del universo, porque, si así lo hicieras, volarías por los aires directamente. Así pues, con el fin de que nuestra vida funcione y de que podamos obtener los máximos beneficios de esta energía, tenemos que construir un canal más grande para que la inteligencia creativa fluya a través de él. Y, para agrandar el canal, tendremos que expandir nuestra consciencia. Expandir la consciencia supone expandir nuestras ideas y creencias en lo relativo a nosotros mismos y a nuestra relación con este poder. A partir de ahí comenzaremos a experimentar cada vez más ese poder máximo, incrementándose así nuestra capacidad para crear.

Tú y yo somos seres creativos, y siempre disponemos de la capacidad para crear más. De hecho, siempre estamos creando, sea de forma consciente o inconsciente. Pero podemos llevar nuestra creación desde lo inconsciente a lo consciente sabiendo *quiénes somos,* así como mediante el proceso por el cual expandimos el poder interior.

Cuando creamos en un nivel consciente es cuando podemos tomar decisiones, mientras que si creamos en el nivel inconsciente no las podemos tomar.

Muchas veces oímos decir que disponemos del «poder de elegir», pero eso no es del todo cierto. Resultaría engañoso decir que alguien elige una relación problemática, que elige tener escasez económica o cualquier otra situación negativa en su vida. Y es que la mayor parte del tiempo estamos funcionando en el «modo predeterminado», «por defecto», que se basa en el condicionamiento del pasado.

Elegir implica ser consciente. Sin embargo, si no eres consciente, no puedes tomar decisiones conscientes. Estarás operando en el «modo predeterminado» o «piloto automático».

El modo predeterminado es el modo de supervivencia. Es cuando la mente toma el control sin que nos demos cuenta siquiera de lo que está ocurriendo.

En realidad, eres libre para elegir cuándo dejas de identificarte con tus patrones condicionados del pasado. Mientras no llegues a ese punto, te moverás desde el inconsciente. Esto significa que te vas a ver obligado(a) a pensar, sentir y actuar de determinadas maneras en función del condicionamiento de tu mente. Sin embargo, cuando tomamos decisiones, cuando elegimos, ya no somos víctimas de las reacciones del inconsciente.

Si nuestro pensamiento negativo inconsciente no apoya lo que queremos, en vez de intentar eliminarlo convendrá que nos centremos en el «pensamiento correcto». El «pensamiento correcto» es un patrón de pensamiento que se basa en la verdad, y la verdad, por su propia naturaleza, debe ser siempre «correcta».

No hay crecimiento sin descontento

Tu Yo Superior sabe siempre lo que es mejor para ti. Lo único que tienes que hacer es declarar que quieres algo mejor de lo que tienes en este momento. Pero sé consciente de que *no hay crecimiento sin descontento.* Y aunque es importante vivir el instante presente y aceptar «lo que hay», también lo es crecer desde el punto en el cual nos encontramos.

Estudia con atención tu insatisfacción, porque te va a decir algo acerca de ti mismo(a). Tu vida es un lienzo siempre cambiante. ¿Qué vas a pintar en él? ¿Vas a pintar carencias y limitaciones? Si lo haces, tu lienzo las va a reflejar.

¿Estás encadenado a tus limitaciones?

Si has ido alguna vez al circo, te habrás dado cuenta de que los enormes elefantes están atados a una estaca de madera con una delgada soga. Sin embargo, las crías de elefante tienen una gruesa cadena sujeta a las patas, la cual está sujeta, a su vez, a una larga estaca de hierro profundamente clavada en el suelo. Esto se hace así para evitar que las crías de elefante intenten escapar.

Si la estaca está bien clavada en el suelo y la cadena es suficientemente fuerte, la cría de elefante no va a poder escapar. Con el tiempo, llegará un día en que la cría dejará de estirar y ya nunca más intentará librarse de la atadura. Entonces, le cambiarán la estaca de metal por una estaca de madera, sabiendo que el elefante ya está condicionado en la creencia de que no puede escapar. Y se puede decir lo mismo de nosotros, los seres humanos, pues creamos nuestras propias limitaciones a través de nuestro sistema de creencias. Así, terminamos limitados no por la verdadera realidad, sino por la realidad percibida.

Yo tuve una vez un gato que creía que no podía dar grandes saltos para encaramarse a sitios altos, de manera que ni siquiera lo intentaba. Con el paso de los años, el gato se volvió senil y simplemente se olvidó de su creencia de que era incapaz de saltar tan alto. Y así, un día, al volver a casa, me lo encontré en el estante más alto de la librería. Había derribado todos los libros y los objetos de arte pero, en su senilidad, se había olvidado de que eso no podía hacerlo. ¿Qué pasaría si nos volviéramos seniles, pero en positivo? Es posible que nos olvidáramos de tantas cosas que creemos que no podemos hacer y, simplemente, las haríamos.

Comprende las reglas de la vida

Entiende que si tu vida no funciona de la manera que te gustaría es porque has aceptado unas creencias falsas que te impiden ser todo lo que puedes ser. Por desgracia, la mayoría de las personas en este planeta se hallan atascadas en sus creencias. Cuando contemplamos el mundo y vemos el sufrimiento, la desdicha y la pobreza, cuando vemos tanta gente de buena voluntad pasándolo mal, el mundo nos parece descabellado. Vemos rendirse a la gente, creyendo que para poder tener algo tienen que arrebatárselo a los demás. Rara vez miramos dentro de nosotros mismos para buscar una respuesta ante tanta confusión. Y rara vez la persona intenta discernir cuáles son las reglas de la vida de tal manera que lo que ocurre es que, en nuestra ignorancia acerca de nosotros mismos y de la vida, nos incordiamos, nos peleamos y forcejeamos por conseguir lo que queremos, y las cosas terminan por no funcionar de todos modos.

El juego de la vida

Sí, la vida es un juego. Hay personas que juegan a esforzarse, otras a la enfermedad y otras a la pobreza, mientras que hay gente que juega a tener siempre razón o a llegar tarde a todo. Sin embargo, hay personas que juegan al juego de la felicidad, de la abundancia y la salud. Esto debería llevarnos a comprender que cada persona juega a aquello a lo que decide jugar, y que ningún juego es necesariamente mejor que otro. Si el juego no nos trajera algún tipo de recompensa, dejaríamos de jugar.

Observa tu propia vida e intenta descubrir la íntima satisfacción que obtienes del hecho de no estar completamente a cargo de tu vida. ¿Qué clase de íntima satisfacción podría proporcionar sentirse víctima? ¿Cómo puede haber alguien que disfrute sintiéndose débil, pobre o inadecuado?

La respuesta está en lo que se obtiene a cambio. Por ejemplo, si juegas a ser débil, los demás tendrán que quererte, cuidar de ti y protegerte. Es una magnífica forma de obtener atención. Si juegas a ser indeciso(a) en todo momento y a dejar que los demás decidan por ti, no se te podrá culpar por cometer errores. En otras palabras, si permaneces con ambas manos atadas a la espalda, siempre habrá alguien que se ocupe de ti. Al jugar a la rutina de la indefensión, lo que haces en realidad es controlar a los demás. Es notable el poder de las personas «impotentes». Se les da bien hacer que los demás interpreten el papel que ellas han escrito para ellos.

Fíjate en lo que tú obtienes de tu «soborno». Un ejemplo lo tenemos en la enfermedad. Fíjate en lo que obtienes estando enfermo(a). Puede que digas: «¡Qué poca sensibilidad, qué cruel! No sabes por lo que he estado pasando». No, no es cruel. Es más cruel negarlo. Lo que en realidad estás diciendo es que tu enfermedad tiene más poder que tú para determinar tu destino. La cuestión aquí es *quién* le da a la enfermedad tal poder.

Si estás enfermo, simplemente obsérvalo. No te juzgues a ti mismo. Sólo deja que te diga algo. Que sepas que, pase lo que pase con tu cuerpo, todo comienza en tu mente. La enfermedad es la reacción del cuerpo ante tu mente. Dado que tu cuerpo es un mecanismo de retroalimentación de tu mente, siempre te hará saber lo que está ocurriendo en tu consciencia y a nivel emocional. Deja que tu cuerpo te enseñe.

Es curioso que en nuestra sociedad se considere que está bien gastarse 50.000 dólares en un infarto, pero ¿qué diría la gente si te gastaras esa cantidad de dinero sólo en divertirte? Pensarían que estás loco, y probablemente se ofenderían contigo. Da la impresión de que no tenemos claras nuestras prioridades. ¡Quizás si nos gastáramos 50.000 dólares divirtiéndonos no tendríamos tantos infartos! Piensa en ello. El placer es anormal, pero el dolor es lo normal.

Esperar es una trampa

¿Por qué esperamos para estar sanos, para ser felices, para sentirnos vivos, para ser ricos, para poner en marcha un nuevo negocio, para enamorarnos, para comunicarnos, para aclarar nuestras relaciones? Esperar es una trampa. Esperamos a que los índices de interés bajen, a que la economía vaya mejor, a que una persona cambie, a que pasen las vacaciones antes de comenzar una dieta, pero siempre habrá una razón para esperar.

¿Y qué pasa si no aparece la ayuda?

Conozco a una hermosa e inteligente joven que lo tenía todo para tener una vida dichosa y que, sin embargo, intentó quitarse la vida repetidas veces con el alcohol y las drogas. ¿Sabes por qué? Porque tenía siempre la sensación de que le faltaba algo en la vida, y no sabía que podía crear la vida que ella quisiera. Siempre estaba esperando a que alguien le trajera la felicidad, pero esa persona no aparecía.

El deseo de que sea otra persona la que nos proporcione la felicidad, o la creencia de que podemos darle la felicidad a otra persona, se halla en el origen de una interminable procesión de esquemas sociales o impulsos organizados que nos hablan de la creación de un mundo mejor.

Nuestra mayor ilusión es crear una sociedad que opere en un nivel psicológico y espiritual superior al actual nivel de consciencia. Muchas personas nos instan a trabajar por una sociedad o un mundo mejores. Pero esto es un gran error. Puesto que no podemos crear nada que sea superior a nuestro propio nivel de consciencia, la sociedad, en su integridad, no podrá ser mucho mejor.

Los sistemas que la sociedad utiliza para el cambio social no hacen otra cosa que añadir más cargas sobre las antiguas. Nuestra abrumada mente ya no sabe qué hacer con todos los esquemas sociales que nos arrojan encima, pero, en nuestra desesperación por hacer las cosas mejor, intentamos darle sentido al absurdo. El problema estriba en que tratamos de «enderezar» los «errores» del mundo desde el exterior. Intentamos reformar el mundo exterior forzando el cambio en las condiciones externas. Por desgracia, este enfoque de fuera-dentro está condenado al fracaso, porque estamos abordando el efecto en lugar de la causa.

Cambiar de dentro hacia fuera

Tenemos que recordarnos a nosotros mismos y a cada ser humano en este planeta que podemos y debemos cambiar el mundo desde dentro hacia fuera. Disponemos de pruebas abrumadoras de que el enfoque fuera-dentro no funciona, y la solución a largo plazo a la pobreza, las carencias y las limitaciones radica en nuestra capacidad para convertir en realidad nuestro potencial interior.

La única manera en que podemos sanar de verdad el mundo consiste en sanarnos primero a nosotros mismos. No es éste un mensaje novedoso, pero creo que tenemos que recordarnos *quiénes somos* y qué somos capaces de hacer. Tenemos que asumir la responsabilidad por todo lo que nos ocurre. Gracias a la ley de atracción, atraemos consciente o inconscientemente todo lo que nos sucede. Tenemos que ser conscientes de que, sea lo que sea que alguien nos haya hecho, nosotros hemos tenido algo que ver en ello y somos en cierto modo responsables de ello. En esencia, no hay víctimas, sólo voluntarios. Se trata de una verdad difícil de aceptar pero, si no lo hacemos, no vamos a poder mejorar las cosas.

Hemos creado una cultura de la culpabilización. Pero, si tu reloj marcara una hora equivocada, ¿qué harías? ¿Le dirías al de al lado que pusiera su reloj a la hora del tuyo, o cambiarías la hora de tu reloj? Por desgracia, no hacemos lo mismo cuando nuestra vida no funciona, sino que insistimos en que la realidad debería de adecuarse a nuestras ilusiones.

El punto de partida del éxito

Tu poder, que es ilimitado, radica en la capacidad para controlar tus pensamientos. Una mente confusa se dirige hacia la enfermedad, la pobreza, las carencias y las limitaciones, en vez de centrarse en la abundancia, la salud y el éxito. Si no estamos creando nuestra vida de la forma que queremos que sea es porque estamos creando desde el subconsciente, pero, dado que la vida es consciencia, lo que tenemos que hacer es desarrollar la consciencia el máximo posible. Podemos hacerlo observando en qué condiciones discurre nuestra existencia y poniendo en cuestión nuestras creencias, aunque el ego se sienta amenazado. Cada vez que uno quiere algo en la vida tiene que desprenderse de lo que hay entre lo que cree y lo que quiere.

Tú sabes exactamente en tu corazón qué quieres, y si escucharas a tu intuición ésta te lo diría. La mente te traicionará, pero la intuición nunca lo hará. La intuición es tu conexión con el poder máximo; por tanto, aprende a confiar en ella. La gente puede controlarte a través de la mente, pero jamás podrán hacerlo a través de la intuición.

Tenemos la sensación de que nos vamos a perder algo si seguimos a la intuición; pero, ¿te has parado a pensar en todo lo que te has perdido por *no* seguir tu intuición? Sea lo que sea que te diga la intuición, eso es lo que necesitas escuchar. A medida que aprendas a confiar en ella, te revelará exactamente lo que necesitas hacer en un momento dado.

Tu vida es importante. Es importante para ti y también lo es para el resto de las personas que viven en este planeta. Y creo que cada persona llegó a este planeta con una misión. Si escucharas tu intuición, se te revelaría tu propósito o tu misión.

Capítulo 2

La verdad acerca de tu persona

Si quieres tomar el control de tu vida, convendrá que comprendas mejor *quién eres.* La imagen que uno tiene de sí mismo(a), que es el cuadro que uno tiene en la mente sobre sí mismo(a), se convierte en la clave de su vida. Todas sus acciones, sentimientos y comportamientos, incluso todas sus capacidades, están en consonancia con la imagen forjada. Todos nos comportamos según el tipo de persona que creemos ser, de modo que tenemos que darnos cuenta de que, en la medida en que nos aferremos a esa imagen, no habrá fuerza de voluntad, esfuerzo, determinación ni compromiso que nos lleve a ser de otra manera, porque siempre vamos a actuar de la forma en la que nos vemos a nosotros mismos. Para ser de cualquier otra manera, primero tendremos que ver cómo se forma la imagen personal.

El molde mental

Desde que una persona nace comienza a coleccionar cientos de ideas acerca de sí misma; ideas sobre si es buena o mala, inteligente o estúpida, confiada o temerosa, etc. Mediante la repetición, estas identidades, que con frecuencia son falsas, cristalizan y terminan formando la imagen personal, que o bien nos permite que seamos felices y tengamos éxito, o bien domina tiránicamente nuestra vida. Tanto si nos damos cuenta como si no, en nuestro interior existe un molde mental. Es una imagen de cómo creemos que somos. Este molde es exacto y completo hasta el último detalle, y constituye nuestra imagen personal. Sin embargo, el molde no es *lo que somos,* sino más bien lo que *creemos* ser.

Las circunstancias y las condiciones con las que formamos la imagen personal quizás sean totalmente erróneas o bien desproporcionadas pero, por lo que a nosotros respecta, son verdaderas. En la mayoría de los casos ni siquiera somos capaces de recordar de manera consciente cómo o dónde obtuvimos esa información. Tan solo vivimos como si eso fuera cierto. Incluso si no lo es, nosotros creemos que lo es.

El secreto de las eras

La inmensa mayoría de la gente ha pasado por alto el mensaje que todos los grandes maestros, desde el principio de los tiempos, han intentado compartir con sus semejantes. El secreto de las eras, la más increíble verdad de la que muy pocos son conocedores, es que, al nivel del Ser, lo que llamamos el Yo Superior, *tú eres espiritualmente íntegro(a), completo(a) y perfecto(a).* Del mismo modo que una gota de agua tiene todas las cualidades del océano, tú tienes todas las cualidades del Creador en tu interior. La ciencia, la filosofía y las religiones nos enseñan a su manera que sólo existe UN Poder en el universo, y que somos uno con ese Poder, Energía, Fuerza o como quieras llamarlo. Tú y yo somos *expresiones individualizadas* de todo el Poder del universo. A esto se le puede llamar Yo Superior. Jamás podremos destruir al Yo Superior en nuestro interior. Podremos negar que exista, podremos intentar ocultarnos de él, podremos mentir acerca de él, pero, en última instancia, no podremos eludir el hecho de eso es *lo que somos.* Lo que tenemos que hacer es reconocer que eso es *lo que somos* y aprender a canalizarlo a través de nuestro pensamiento.

Quién eres y qué haces no es lo mismo

Tenemos que comprender la distinción entre *quién somos* y *qué hacemos.* Quién somos es espiritualmente perfecto, pero qué *hacemos* no siempre lo es. El abismo entre *quiénes somos* y *qué hacemos* se crea a través de la ignorancia. Si no sabemos que somos espiritualmente perfectos, nuestras acciones no serán perfectas.

Me gustaría que hicieras algo justo en este momento. Tan solo afirma en voz alta: «Sé que quién soy es espiritualmente perfecto». Y ahora escucha a esa vocecilla dentro de tu cabeza que, probablemente, esté diciendo: «¡Oh, no, no lo soy!». La afirmación de la perfección es una amenaza para el ego, pues tu ego envía de inmediato la respuesta: «¿Qué quieres decir con que eres perfecto? ¡Venga ya! Échate un vistazo. Mira cómo tratas a los demás. ¿Te acuerdas de lo que hiciste ayer? Siempre te estás quejando. ¿Y cómo tratas a tu padre, a tu madre, a tu jefe, a tu compañero? ¿Y qué ocurre con el modo en que te tratas a ti mismo? ¿Te acuerdas de aquella barbaridad que hiciste en 1986? ¿Cómo puedes decir que eres espiritualmente perfecto después de aquello? Mírate bien y déjate de tonterías».

Tu ego está intentando engañarte

Ya ves, tu ego no quiere que te mires *bien* a ti mismo(a). Quiere que te mires *mal.* Quiere que te identifiques con todo lo que no eres. Quiere que te identifiques con tus *actos* y te sientas culpable. Quiere que te juzgues, que te condenes y te martirices por no estar a la altura de tus expectativas y de las de los demás. Tienes que reconocer que tu ego está intentando engañarte, que no te dice la verdad acerca de ti. La manera de salir de este enredo es afirmar tu propia perfección. Afirmar tu propia perfección no supone un regodeo ególatra. Lo que es un regodeo ególatra es *no* afirmar tu propia perfección. Recuerda, lo primero y principal para cambiar tu vida, con independencia de lo que quieras ser, es darte cuenta de tu propia perfección, basada en la verdad acerca de ti, en que eres espiritualmente íntegro(a), completo(a) y perfecto(a).

Cómo neutralizar al ego

La forma de neutralizar al ego es amarte a ti mismo(a) incondicionalmente. Tu ego no se hincha por el hecho de amarte a ti mismo(a).

Amarte a ti mismo(a) neutraliza al ego, porque el ego no tiene nada que ver con amarte a ti mismo(a).

Conviene que comprendas que la vida es consciencia. Esto significa que lo que asumas como cierto va a ser real para ti, que experimentarás cualquier cosa de la que seas consciente. En esencia, vas a experimentar en tu vida todo aquello de lo que estés profundamente convencido. Y esto es importante. *Experimentamos en la vida todo aquello de lo que estamos profundamente convencidos.* Si tus patrones de pensamiento dicen: «No puedo tener esto o aquello, no merezco esto o aquello, soy una mala persona», y así sucesivamente, seguirás generando condiciones que se correspondan con tus ideas de maldad, carencia y limitación.

La línea base es ésta: si no podemos aceptarnos a nosotros(a)s mismo(a)s, si no podemos aceptar que somos personas dignas que nos merecemos lo que tenemos, no podremos aceptar nunca que otras personas sean dignas y se merezcan lo que tienen y, por tanto, las juzgaremos.

La solución estriba en desarrollar un amor incondicional por nosotros mismos y por los demás. Ésta es la única manera en que podremos liberarnos. Tenemos que aceptarnos a nosotros mismo(a)s primero, y después a los demás, sabiendo que, en la misma medida en que somos espiritualmente perfectos, todos los demás lo son también.

Tú te has creado a ti mismo(a)

En cierto modo, tú te has creado a ti mismo(a), tanto si eres consciente de ello como si no. Todos los rasgos de carácter, los modales, la manera de hablar, de caminar, las expresiones faciales, los gestos e incluso las formas de pensar y las creencias que tienes las has tomado prestadas, las has imitado o las has desarrollado tú mismo(a). Puede que las hayas tomado de tu padre o de tu madre, o de cualquier otro miembro de la familia, de tu profesor(a) favorito(a), de una amiga, de un personaje de novela o de película.

Quizás las tomaras prestadas de alguien que ni siquiera te gustaba. Puede que fuera de alguien que te hacía sentir incómodo(a) o te hacía tener miedo. Imitar a esa persona puede haber sido una manera de sentir menos miedo, o bien una forma de intimidar a los demás.

Nunca, de ningún modo, te rechaces

Conviene que le eches un vistazo a la personalidad que has creado para ti. Quizás una de las razones que te impiden hacerlo es porque has sido un imitador(a). No es extraño que uno se obsesione con esto, pero puede ayudarle a darse cuenta de que nadie puede crearse un Yo a partir de la nada. Y, aunque haya construido su personalidad a través de la imitación, eso no le convierte en un fraude. Nadie más ha llegado a conjuntar nunca la combinación exacta de rasgos que esa persona tiene. No olvides que en la escala musical sólo hay doce notas y que, sin embargo, se han creado cientos de miles de combinaciones singulares y muy hermosas. Todo estriba en cómo se combinan las notas.

Eso no te hace menos singular como persona que cualquier otro individuo. Lo maravilloso de todo esto es que, dado que tú lo conjuntaste todo a partir de la nada, también puedes cambiarlo en cualquier momento, cuando tú quieras. No te vas a quedar jamás atascado en una combinación concreta, y no es un desastre descubrir que no eres la persona que tú creías que eras. Al contrario, ése es el comienzo del fin del desastre.

Con el fin de transformar las experiencias que te están causando dolor y desarmonía, es necesario comprender bien que no te va a servir de nada rechazar parte alguna de ti mismo(a). Esto no te va a llevar a otra parte más que a odiarte, porque habrás creado una imagen de cómo crees que deberías ser que está basada en el condicionamiento familiar, laboral, religioso y social. Lo triste de todo esto es que nunca serás capaz de vivir a la altura de las imágenes, modelos, estándares o conceptos sobre cómo crees que deberías ser. Es un callejón sin salida psicológico.

La libertad comienza con la propia aceptación

Si creemos que somos incompetentes, inadecuados, inseguros, estúpidos, malvados e indignos es porque le hemos permitido a nuestro ego que nos engañe. Todo esto se puede resumir en una baja autoestima y una pobre imagen personal. Mientras no tomemos la decisión consciente de cambiar los patrones de pensamiento que utilizamos, seguiremos teniendo una baja autoestima y una pobre imagen personal. Lo primero que tienes que hacer en tu vida es aceptarte, amar *lo que eres,* ser tú mismo(a). Sólo cuando te ames a ti mismo(a) podrás empezar a amar a los demás.

Muchas personas te habrán dicho que tienes que olvidarte de ti mismo(a) y amar a los demás primero. Pues bien, las cosas no funcionan así. La verdad es que tienes que aceptarte primero a ti mismo(a), con todos tus errores, con todos tus supuestos pecados, todas las veces que pareciste tonto(a) y todas las ocasiones en que te comportaste inadecuadamente. Tienes que ser capaz de ponerte delante de todo el mundo sin poner excusas. Cuando hagas eso, estarás partiendo desde una posición de amor incondicional.

Cómo te ves a ti mismo(a) es el origen de tus comportamientos, y éstos generan tu entorno y tus resultados. Cuando vinculas tu propia valía a tus logros o a tu comportamiento, te estás situando en la línea de las decepciones. Por mucho que lo intentes, siempre habrá alguien que te va a desestimar. Porque, recuerda, *siempre vas a ser un(a) fracasado(a) ante los ojos de alguien.* Nunca vas a convencerlos a todos, a veces ni siquiera a la mayoría de la gente. Date cuenta de hasta qué punto tu vida se basa en granjearte la aprobación de los demás, y sé consciente también de esta importante verdad: *que nunca vas a conseguir la aprobación que buscas.* Simplemente, no puedes complacer a todo el mundo, de modo que aprende a complacerte a ti mismo(a) y disfruta de *quien eres.*

Tú no puedes fracasar como persona

Conviene que, en lo relativo a *quién eres,* te repitas que eres espiritualmente perfecto, y en lo relativo a *qué haces,* te repitas que no siempre eres perfecto. Lo que haces puede tener éxito o no, pero puedes distanciarte de los resultados recordando que *tú* nunca serás una persona de éxito ni un fracasado en función de *lo que tienes* y *lo que haces,* porque no existe forma de que puedas fracasar en la vida como *persona.* Tú no estás configurado de esa manera.

Cuando te detestas por todo lo que has hecho o no has hecho, o cuando detestas a los demás por lo que no te han dado, estás sufriendo. El sufrimiento es una forma de rebajarte, es una manera de estar molesto contigo mismo. Si lo miras con atención, la ira, el sufrimiento y la infelicidad existentes en nuestra vida provienen de la decepción que sentimos con nosotros mismos por no vivir a la altura de las expectativas que tenemos con nuestra vida, o de las expectativas que puedan tener otras personas acerca de nosotros.

Trabajando con personas que tienen comportamientos autodestructivos, he descubierto que la principal causa de su conducta es el odio que sienten contra sí mismas. Este odio proviene del hecho de que no han vivido a la altura de las expectativas que alguna otra persona tenía sobre ellas. La mayoría de las personas se juzgan a sí mismas sobre la base de lo que tienen o no, de lo que han logrado o no han logrado. Cuando nos sentimos fracasados estamos dejando que los demás nos rebajen y nos estamos rebajando a nosotros mismos. Si no alcanzamos las expectativas que tienen de nosotros nuestros padres, nuestra jefa, nuestra religión, nuestros amigos o nuestra pareja, llegamos a la conclusión de que no valemos nada, y esto no es otra cosa que *enjuiciarse uno a sí mismo.*

Cuando te juzgas a ti mismo(a), te juzgas a ti mismo como *malo*, y en cuanto te rebajas por algo que has hecho o no has hecho, por algo que no ha funcionado o por una situación en la que decepcionaste a otra persona, te sientes mal. Sin embargo, juzgarte a ti mismo(a) sólo va a servir para ratificar la escasa autoestima que tienes. No te hace ningún bien; sólo te destruye.

Es cierto que todo el mundo tiene algo en su vida de lo cual arrepentirse, pero en algún momento tendremos que dejar de lamentarnos y seguir adelante. Debemos *aprender la lección y desprendernos de la experiencia.*

Nunca vamos a poder estar *por* alguien en tanto en cuanto estemos *contra* nosotros mismo(a)s. Estar contra los demás es estar contra nosotros mismo(a)s. Ésta es una verdad espiritual y psicológica. Lo más corrupto que podemos hacer es juzgar a alguien. Eliminar a otra persona o quitarle la vida a otra persona es uno de los comportamientos autodestructivos más negativos que una persona puede tener.

Suéltate de todo el mundo, incluso de ti mismo(a)

¿Qué ocurriría si no tuvieras remordimientos del pasado? Intenta imaginar qué ocurriría si perdonaras por completo a todo el mundo con independencia de lo que te hubieran hecho. Supongo que empezarás a darte cuenta de que, en la medida en que no perdones –sea a ti mismo(a) o alguna otra persona–, vas a perpetuar la desdicha, la pobreza, la enfermedad, las carencias y las limitaciones en tu vida.

Son muchas las personas que no quieren perdonar a los demás, diciendo cosas como: «¿Por qué voy a perdonarles después de lo que me hicieron?». El enemigo es siempre alguien que pensamos que puede hacernos daño o quitarnos algo, pero lo cierto es que *nadie puede hacernos daño.* La gente nos hace daño *a través de nosotros,* pero en realidad no pueden hacernos daño. Somos nosotros quienes les damos instrucciones de cómo tratarnos, y ellos simplemente las siguen.

Conviene que te decidas a renunciar a todo resentimiento desde ahora mismo, porque en última instancia te va a destruir. «Sí –puede que digas–, estoy de acuerdo contigo, pero tú no conoces mis circunstancias. De verdad que me hicieron daño. Quizás renuncie a mi resentimiento algún día, pero en estos momentos no me puedo desprender de eso». Comprende que esta mentalidad es más dañina y destructiva para ti de que lo pueda ser para la persona con la cual estás resentido(a).

No vas a poder ser rico(a) si estás resentido(a) con las personas ricas. No vas a tener éxito si estás resentido(a) con las personas de éxito. No vas a ser feliz mientras estés resentido(a) con las personas felices. *Cualquiera que sea tu resentimiento no será otra cosa que la constatación de lo que careces.* Y esto se le aplica también a la sanación. No puedes curarte si estás resentido(a) con alguien, porque el resentimiento perjudica a tu sistema inmunológico y, literalmente, hace que enfermes.

Recuerda, cualquier resentimiento que tengas lo tienes contra *ti,* porque todos somos *uno.* En vez de estar resentido(a) con la gente que tiene lo que tú no tienes, o que hace lo que tú no puedes hacer, tómate tiempo para aprender de esas personas. Deja que se conviertan en tus maestro(a)s. Conviene que estés con maestros, que estés con personas que saben cómo funciona la vida. Admíralas, reconócelas y apóyalas por tener lo que tienen; y, cuando hagas eso, estarás en la dirección de tener lo que quieres.

Si estudias filosofía o religión, verás que los valores, las morales y los principios que ahí se enseñan están arraigados, normalmente, en la creencia de que algo es mejor que alguna otra cosa. A es siempre mejor que B. Pero no caigas en la trampa. Olvídate de lo que otras personas o grupos puedan creer que es «correcto» para ti, y sé consciente de que estás conectado(a) con la misma Fuente de Poder, y que sabes lo que es mejor para ti.

Complacer a los demás es un callejón sin salida psicológico

Hace alrededor de setecientos años, un gran maestro, maduro en años y en honores, yacía agonizando cuando sus alumnos y discípulos le preguntaron si tenía miedo a la muerte.

—Sí –respondió–. Tengo miedo a encontrarme con mi Hacedor.

—Pero ¿cómo puede ser eso? –le preguntaron los discípulos–. Habéis vivido una vida ejemplar. Nos habéis sacado del desierto, como Moisés. Habéis juzgado entre nosotros con sabiduría, al igual que Salomón.

—Cuando me encuentre con mi Hacedor –dijo el maestro en un susurro–, Él no me va a preguntar si he sido como Moisés o como Salomón. Me preguntará: «¿Has sido tú mismo?».

Esta historia nos dice que, a lo largo de los siglos, la gente se ha venido esforzando por ser ella misma. Entonces, ¿por qué seguimos forcejeando? El forcejeo procede de la necesidad de complacer a los demás.

Si asumes tu propio destino tendrás que aceptar que haya alguien que se enfade, ya sea tu jefe, tu pareja, tus progenitores, tus hijos, etc. Al principio, asumir tu propio destino puede ser un proceso marcado por la soledad y puede dar la impresión de que todo el mundo está contra ti, pero la única imagen a la que tienes que conformar tu vida es la tuya propia. Las opiniones que puedan dar los demás, a favor o en contra, son del todo irrelevantes.

La decisión de vivir tu vida es responsabilidad tuya, los resultados de tu propia vida son responsabilidad tuya y tu acción o inacción son también responsabilidad tuya. Con frecuencia te encontrarás con gente cuyos valores y creencias entran en conflicto con los tuyos, y cuando vean que vives de manera contrapuesta a sus valores y creencias se asustarán porque, en cierto modo, estás amenazando sus fundamentos.

Cuando otra persona se enfrente a tus creencias entablará una batalla en su interior en esta línea de pensamiento: «¿Cabe la posibilidad de que tenga razón? Porque, si es así, entonces yo podría estar equivocado». Pero una persona que sabe *quién es* no se siente amenazada por las creencias de los demás. Las personas inseguras y que no saben quiénes son se sentirán en peligro ante cualquier persona que, directa o indirectamente, amenace su sistema de creencias.

¿De qué modo te tratas a ti mismo(a)?

Permíteme que te pregunte: ¿te gustas? ¿Confías en ti? ¿Mantienes las promesas que te haces? ¿Crees que eres una buena persona? ¿Eres tú mismo(a) la mayor parte del tiempo, o haces algo para encubrir quién eres? Si tuvieras una amiga que te tratara a ti del mismo modo que te tratas tú, o que te hablara del modo en que te hablas, y que rompiera sus compromisos contigo de la misma manera que tú rompes tus compromisos contigo mismo(a), ¿crees que seguirías teniéndola por amiga? Reconozcámoslo, probablemente no querrías tener una persona así a tu alrededor.

Es muy importante echar un vistazo al modo en que nos tratamos a nosotros mismos, pues, en multitud de ocasiones, uno termina siendo su peor enemigo. Tenemos miedo de conocer a nuestro yo interior porque pensamos que quizás no nos guste lo que vayamos a ver.

Con mucha frecuencia escucho a la gente decir: «Quiero explorarme, pero tengo miedo de lo que pueda encontrar acerca de mí mismo. Tengo miedo de las extrañas criaturas que pueda encontrar a lo largo del sendero». Pero quiero que entiendas esto bien, *es absolutamente imposible que la verdad sobre ti mismo(a) pueda causarte miedo.* Por terrible que pueda ser la verdad, no tiene capacidad en sí misma para asustarte ni para dañarte. El miedo lo provoca la *resistencia a* la verdad y una *errónea interpretación* de ésta.

Inicia el viaje de autodescubrimiento

Comienza de una vez tu viaje de autodescubrimiento, pues de él sólo pueden venir cosas buenas. Comprender el miedo cura el miedo. No te aferres al tipo de persona que crees ser. No te calientes la cabeza con si eres mejor o peor que otras personas. Más bien, intenta conocerte como la persona que eres y como la persona que te gustaría ser.

Si observas una casa en construcción, a medio terminar, no se te ocurrirá condenarla por estar inacabada. No dirás que es inferior a cualquier otra casa ni te preocupará su apariencia. Simplemente pensarás que necesita más trabajo. Pues bien, adopta esta actitud hacia ti mismo(a). Sea cual sea tu situación actual, simplemente sé consciente de que necesitas más trabajo de construcción. Sé paciente contigo mismo(a), pero sé firme en lo relativo a todo el trabajo que todavía queda por hacer.

La autoestima procede del Yo, pues si tu estima procediera de los demás jamás podrías amarte. *Si eres un experto en ti mismo(a), eres un experto en todos los demás.* Una persona consciente se conoce a sí misma. Esa persona conoce su propia naturaleza y, por tanto, lo sabe todo de las demás personas que tienen esa misma naturaleza. Conócete a ti mismo(a) tal como eres, y conocerás a los demás tal como son.

No temas nunca dejar al descubierto tus debilidades. Dejar al descubierto una debilidad es el principio de la fortaleza. Recuerda, *todo lo que aprendas acerca de ti mismo(a) será bueno.* Por difícil o sorprendente que pueda ser, siempre será bueno. Ten esto en cuenta, sobre todo cuando una verdad novedosa choque con una creencia que sabes que tienes que abandonar pero eres reacio a hacerlo. Si eres sabio(a), estarás dispuesto(a) a renunciar a un trozo de carbón a cambio de un diamante. Ten el coraje de hacerlo y comenzarás a cambiar.

No tienes que pedirle permiso a nadie para cambiar tu vida. No preguntes: «¿Es correcto que vaya contra todo lo que se me enseñó a creer?». Más bien di: «Vamos a ver cuánto soy capaz de comprometerme en mi búsqueda». Tu propio deseo de libertad personal es la única orden de búsqueda que necesitas.

Echa un vistazo a lo que te estás negando

Si realmente vas a descubrir la verdad acerca de ti y a vivir tu vida tal como puedes vivirla, habrá muchas personas que se van disgustar contigo porque ellas no se han comprometido en el mismo sendero que tú. ¿Te vas a negar la riqueza sólo porque otros son pobres? ¿Te vas a negar la salud sólo porque hay millones de personas enfermas? Mira bien lo que te estás negando a ti mismo(a) y ni se te ocurra pensar que estás «equivocado(a)» por querer lo que quieres.

A medida que vayamos avanzando por el sendero del autodescubrimiento vamos a cometer muchos errores, pero esos supuestos errores, faltas o pecados no son tuyos. Asegúrate de diferenciar bien entre *quién eres* y, por otra parte, *qué tienes y qué haces.* Trascenderás lo que está ocurriendo en tu vida en la medida en que te des cuenta de que lo que está ocurriendo en tu vida es sólo temporal y está cambiando constantemente, en tanto que tu Yo Superior es inmutable. Si te identificas con tu naturaleza temporal, asumirás la creencia de que lo que tienes y lo que haces es tu verdadero yo, y ése es, posiblemente, el mayor error que se puede cometer en la vida.

Para experimentar tu propia magnificencia tienes que diferenciar entre lo que tienes y lo que haces, por una parte, y *quién eres,* por otra. Aprende a distinguir la interpretación del intérprete para involucrarte en lo que ocurre en tu vida, pero no te identifiques con su naturaleza temporal.

Si estuvieras en la costa y vieras pasar a los barcos, no habría ningún problema en tanto en cuanto permanecieras allí, a la orilla del mar, viéndolos pasar. Sólo si te *identificaras* con los barcos sería cuando sentirías dolor y cuando sufrirías. Pues si dijeras «Ése es mi barco», sentirías pesar al perderlo de vista. Si dijeras «Tengo que capitanear ese barco», te embargaría el temor de que otra persona pudiera capitanearlo. Del mismo modo, observando simplemente nuestros errores y nuestros comportamientos equivocados, sin enjuiciarlos, evitaremos la dolorosa *identificación* con nuestros errores y faltas temporales.

La única figura de autoridad está en tu interior

Cuando empieces a hacerte preguntas y a observar honestamente tu vida, llegará un punto en que te darás cuenta de que la única figura de autoridad está dentro de ti. Uno se pasa la vida buscando autoridades externas que le digan lo que tiene que hacer, cuando la única persona que sabe lo que tiene que hacer es uno(a) mismo(a).

¿Te has preguntado alguna vez por qué los timadores engañan siempre a determinadas personas? Un timador no puede engañar a alguien que sea consciente. Sin embargo, hay gente que tiene problemas para comprender por qué los demás se aprovechan de ellos, y el motivo es porque esas personas ceden su poder y no se responsabilizan de su propia vida. No quieren tomar sus propias decisiones, de manera que dejan que sean otros quienes las tomen por ellas. Pero conviene que seas consciente de esto: *si dejas que los demás hagan las cosas POR ti, los demás te lo harán A ti.* En la medida en que dejes que los demás asuman la responsabilidad de tu vida, ellos controlarán tu destino.

¿Por qué quieres cambiar tu mundo?

Es fácil culpar a los demás, pero esta manera de pensar nos esclaviza aún más, porque le ponemos límites a nuestra libertad. Una vez más, para enderezar el pensamiento, hay que distinguir entre lo que tenemos y lo que hacemos, por una parte, y *quién somos,* por otra; es decir, separar al «actor» de la «acción». El secreto estriba en vivir en este mundo, pero sin dejar que el mundo viva en uno. Lo que queremos es tener la barca en el agua, no el agua en la barca. Si el agua entra en la barca nos hundimos, y tenemos que achicarla como si estuviéramos locos para mantenernos a flote. El problema es que, con frecuencia, nos descubrimos de pronto ahogándonos en el agua de los efectos físicos que hemos creado nosotros mismos. Y, cuando uno se está ahogando, ya no quiere saber nada sobre si hay otras formas de abordar el asunto; lo único que quiere es salir del embrollo.

Antes de seguir adelante, deja que te pregunte: «¿Realmente quieres cambiar tu mundo?». Cada vez que intentamos cambiar cualquier cosa a nuestro alrededor, ya sea nuestro negocio, nuestra profesión, el gobierno, a nuestra pareja o nuestros hijos o cualquier otra cosa, nos dejamos llevar por la ilusión de que esas personas o acontecimientos nos están haciendo algo *a* nosotros. En realidad, lo que tenemos que hacer es cambiar nuestra experiencia en relación con ellos.

Las personas y los acontecimientos nunca nos hacen nada *a* nosotros. Lo único que hacen es desencadenar sentimientos *que estaban ya en nuestro interior.* Si nos retrotraemos al principio básico de la vida comprenderemos que nada ocurre en el mundo que no lo hayamos permitido previamente en lo más profundo de nuestra consciencia. Se ha dicho muchas veces aquello de *hágase en ti de acuerdo con lo que crees,* y hay veces en que lo que uno cree es muy profundo. Sea lo que sea que haya dentro de nuestro corazón se hallará esencialmente en sintonía con las experiencias exteriores, aunque no seamos conscientes de ello. Sé que este principio es difícil de aceptar porque, indudablemente, hay cosas en tu vida que de manera consciente no deseas. Sin embargo, lo cierto es que hay alguna necesidad interior profunda que estás satisfaciendo de ese modo.

Imagina a una persona infeliz que, estando en su casa, dice de pronto «Quiero cambiar mi vida», y redecora la casa. Pero de pronto se da cuenta de que sigue sintiéndose tan desdichada como antes, de modo que redecora la casa varias veces, pero sigue sin sentir cambio alguno en sí misma. ¿Conoces a alguien que crea que puede superar la desdicha cambiando su escenario exterior? ¿En qué se han podido equivocar? ¿Qué pueden hacer para corregirse?

Si fueras completamente sincero(a) contigo mismo(a) y observaras con atención lo que está ocurriendo en tu vida, descubrirías lo que está sucediendo. Por tanto, es de todo punto sensato pensar que, aunque consigamos cambiar el *efecto exterior,* si no cambiamos la *causa interior* nos vamos a encontrar de nuevo con la misma experiencia.

Si ya no sabes qué hacer, este proceso de autoevaluación es una buena manera de encontrarte a ti mismo(a). Te ayudará a comprender que el proceso de pensamiento mecánico no puede ir más allá de su propio nivel, un nivel limitado. Si no estás seguro(a) de qué hacer, o si te sientes ansioso(a), no intentes liberarte de la ansiedad. Quédate simplemente donde estás y deja que la ansiedad te diga algo extraordinario, pues lo hará.

La verdad acerca de ti es que no eres lo que tienes ni eres lo que haces. Tú eres espiritualmente íntegro, completo y perfecto, y tu éxito y tu felicidad en la vida serán el resultado directo de la medida en que aceptes esta verdad acerca de ti mismo(a).

Capítulo 3

¿Qué te dices a ti mismo(a)?

Es un hecho demostrado de la vida que ni tú ni yo nos comportamos en función de lo que *podemos* hacer, sino de lo que *creemos* que podemos hacer. De ahí que si cambiamos las creencias podamos cambiar el comportamiento.

¿Cómo se desarrolla el sistema de creencias?

Los seres humanos registran aquello en lo que están pensando. Siendo niños, nuestros pensamientos eran emociones, y de ahí que registráramos emociones. Después, comenzamos a añadir imágenes a las emociones, y luego etiquetamos esas imágenes con palabras. Ahora, siendo ya adultos, pensamos con una o todas estas formas tridimensionales, aunque normalmente utilizamos primero la forma verbal. A esto se lo denomina autoconversación. La autoconversación es un proceso por el cual las palabras desencadenan imágenes que evocan, a su vez, emociones.

Todo pensamiento emocional deja un registro en las estructuras neuronales del cerebro. Sin embargo, los seres humanos no registramos lo que ocurre, sino lo que *pensamos* que sucede, y los registros de esas interpretaciones son los que dan forma a la personalidad. Un buen ejemplo de cómo opera esto se puede ver en los niños pertenecientes a un mismo entorno familiar, que desarrollan personalidades y estilos de vida diferentes. Lo que registraron en su cerebro no fue lo que les sucedió siendo niños, sino lo que percibieron que sucedía. Fue su *interpretación* la que dio forma a sus diferentes personalidades y actitudes, aunque procedían del mismo entorno familiar.

Un solo pensamiento no es capaz de formar la imagen personal que nos forjamos. Para ello hace falta una acumulación de experiencias o pensamientos. La clave de la libertad es controlar aquello en lo que se piensa, así como la percepción de la realidad tal como se contempla. Otras personas pueden darnos la opinión que tienen de nosotros, pueden decirnos lo buenos que somos o pueden ningunearnos. Pero esa información no se registra y no se convierte en parte de nuestro sistema de creencias en tanto en cuanto no la aceptemos como pensamiento propio. Si uno se ve a sí mismo o cree que es de determinada manera, actuará en función de esa creencia, tanto si es cierta como si no.

Dejarse ir no es fácil

Toda vez que una persona desarrolla una intensa creencia, toda vez que piensa que aquello que sabe es verdad, se aferra a esa creencia a la defensiva frente a las creencias conflictivas. Nadie puede albergar creencias conflictivas en su mente sin sentir ansiedad o angustia, de modo que lo que hacemos es recopilar datos e información que demuestren que tenemos razón, y que no estamos loco(a)s por creer en lo que creemos. Pero esto se nos puede volver en contra en nuestra búsqueda de la verdad, porque funcionamos de acuerdo con la verdad tal como la vemos, y no tal como es.

En ocasiones nos aferramos a opiniones, actitudes y creencias que ya no nos son útiles. Éste es el motivo por el cual conviene examinar las propias creencias de manera regular con el fin de ver si uno se está engañando a sí mismo o está bloqueando la llegada de información que pudiera ser relevante. ¿Por qué no hacemos esto? Bloqueamos la verdad porque no queremos estar equivocados, cometer un error o sentirnos mal.

Todo comienza con la autoconversación

La autoconversación es esa conversación constante que mantienes contigo mismo(a), mientras percibes lo que piensas, ves y escuchas. Es la forma de pensamiento tridimensional, compuesta por palabras, imágenes y emociones. Tú construyes y modificas tu imagen personal a través de la autoconversación, utilizando palabras que evocan imágenes que, a su vez, evocan sentimientos o emociones.

La imagen personal es una acumulación de pensamientos, actitudes y opiniones acerca de sí misma que la persona percibe y almacena desde la infancia. Es la imagen subconsciente que se va registrando con el transcurso de los años. Esa imagen controla el modo en que piensa y actúa la persona.

En cuanto una persona imagina intensamente una experiencia, ésta queda registrada en el subconsciente y permanece allí hasta que la persona toma una decisión consciente por desalojarla. Si optas por hacer cambios en tu imagen personal, puedes utilizar la autoconversación y la visualización para generar una nueva imagen que represente los cambios que deseas. Todo cambio significativo y duradero se inicia primero en la mente o en la imaginación, para luego abrirse paso hasta la realidad.

Toda afirmación que haces tiene su efecto en el subconsciente, de modo que conviene ser muy cuidadoso(a) en lo que te dices a ti mismo(a). Recuerda que los demás te pueden decir lo que opinan de ti, pero que lo que determina tu imagen personal no es eso, sino lo que tú piensas de ti mismo(a).

Tu subconsciente no sabe diferenciar

El impacto de una imagen personal positiva o negativa es poderoso, porque la imagen personal se almacena en el subconsciente como realidad. El subconsciente cree que la información que almacena es veraz, tanto si es cierta como si no lo es. Si alguien te dice que eres un estúpido(a), eso se queda grabado en el subconsciente, y cada vez que vives esa experiencia, el subconsciente hace *que lo vivas todo de nuevo, porque el subconsciente no reconoce la diferencia entre la experiencia real y la imaginaria.*

Cada vez que reiteras un mismo pensamiento, éste queda registrado como realidad de nuevo, y refuerza la creencia dominante (en este caso, «Soy un estúpido»), y a medida que se acumulan estos pensamientos, se convierten en patrones de creencia. Es decir, en la medida en que dejamos que estos pensamientos se acumulen en nuestra mente, terminaremos representando esas creencias, de tal modo que todo se convierte en una profecía autocumplida.

El principio de Como-Era-de-Esperar

El nivel de expectativas que una persona tenga, ya se trate de expectativas acerca de sí misma, de otra persona, de un día, de un trabajo o de una situación, determina el resultado. En cuanto nos aferramos a una idea preconcebida sobre cómo van a resultar las cosas, vamos y creamos la situación, o bien recopilamos información para hacerla realidad; y como era de esperar, obtenemos lo que anticipábamos. Éste es el principio de Como-Era-de-Esperar. Puedes ver que tu autoconversación o bien refuerza una imagen personal o creencia ya existente, o bien se puede utilizar para modificar, para bien o para mal, las opiniones y actitudes que albergas acerca de ti mismo.

El ciclo de autorrefuerzo

Mi imagen personal controla cómo actúo, o bien mi realidad en este aspecto. Yo siempre actúo como me veo a mí mismo(a), y no puedo hacerlo de otra manera. Puedo intentar actuar de otro modo, pero tendré que esforzarme mucho para invalidar mi imagen subconsciente de la realidad, pues yo me controlo de manera automática como el «yo» que está controlado por la imagen. Y lo que formó la imagen en un principio fue mi autoconversación.

Cada vez que afirmo que soy de cierta manera, registro eso mismo en mi imagen de la realidad. Yo actúo en consecuencia con mi imagen de realidad de manera automática, sin pensarlo siquiera, y, después de actuar como pensaba que tenía que comportarme, me digo a mí mismo(a) acerca de ello: «Así es como soy», lo cual refuerza la imagen. Cuando digo «Yo siempre actúo así», reafirmo la imagen, que a su vez garantiza que actuaré del mismo modo la próxima vez. Esto es lo que se conoce como ciclo de autorrefuerzo. El ciclo de autorrefuerzo opera de este modo:

- Observo cómo ejecuto una tarea, cómo actúo y cómo evalúan los demás mis actos.
- Me hablo a mí mismo acerca de mi desempeño a través de la autoconversación o mediante declaraciones afirmativas.
- Mi autoconversación refuerza de manera positiva o negativa la imagen personal, o cómo me siento conmigo mismo(a).
- Cómo me siento conmigo mismo forma una imagen personal, que es el mecanismo regulador que controlará mi desempeño la próxima vez.

La mayoría de las personas, después de haber hecho algo por debajo de sus expectativas, o si anticipan en su imaginación un pobre desempeño, refuerzan la experiencia negativa con afirmaciones tales como: «Ya estoy otra vez», «Es lo que hay», «Así es como soy», «Me pasa siempre», «Éste va a ser uno de esos días...», etc. En cada ocasión en que tu comportamiento no se corresponda con tu imagen personal, te vas a decir cosas como: «Yo *no* soy así» o «Éste(a) no soy yo». Estas afirmaciones no van a hacer otra cosa que perpetuar un pobre desempeño, al reforzar la pobre imagen personal. La única opción que tienes es estar a la altura de tu imagen.

Cómo mejorar tu desempeño

Tienes que aprender a no menoscabar tu imagen personal en aquellos momentos en que tu desempeño no está a la altura de tus expectativas, porque tu autoconversación negativa no va a hacer otra cosa que empobrecer tu desempeño. Entonces, ¿cómo corregimos esto? Lo primero que tienes que decirte cuando estás inmerso en una autoconversación negativa es «¡Alto!». A continuación, prosigue con una afirmación del tipo «Éste(a) no soy yo». La siguiente fase es la frase clave. Pronuncia lo siguiente: «La próxima vez voy a...».

Después, especifica cómo vas a hacerlo la próxima vez. Acaba con la vieja imagen. Acaba con el movimiento negativo. No toleres un mal desempeño, ni tuyo ni de los demás, pero no te denigres a ti mismo ni a los demás centrándote en lo que está mal. Di, simplemente: «La próxima vez... lo haré de esta manera». Si estás trabajando con otras personas, di: «La próxima vez quiero que abordes al cliente de esta manera», o bien: «La próxima vez lo harás así».

Lo que haces al decir las cosas así es dar retroalimentación positiva inmediata a tu subconsciente. En vez de registrar la imagen negativa, evocas la imagen del desempeño que deseas.

La clave para reforzar una imagen personal positiva ya existente, o bien para mejorar la imagen personal, consiste en visualizar el aspecto que quieres que tenga tu desempeño la próxima vez, y dejar de imaginar, de pensar y de hablar de lo que estás intentando evitar.

Si tu desempeño te complace y te sientes bien con él, deberías utilizar la autoconversación positiva para reforzar la imagen positiva. Puedes decirte «Así soy yo». La autoconversación positiva es la mejor manera de mantener o desarrollar tu propia autoestima. Con ello se anulan los comentarios negativos que nos hacemos o las opiniones que los demás intentan que aceptemos acerca de nosotros(a)s.

¿Cómo te sientes contigo mismo(a)?

El tamaño y el alcance de tus objetivos se incrementarán proporcionalmente con la autoestima, de ahí que, si tienes una autoestima baja, vas a atraer influjos negativos que te van a impedir alcanzar tus objetivos. Echa un vistazo a los clientes con los que estás trabajando o a las relaciones que mantienes. Lo cierto es que siempre te vas a asociar con personas con las que sientas que vale la pena estar, y ahí hay que incluir a tus amigo(a)s, así como a tus clientes, si estás inmerso en un negocio.

Echa un vistazo a tus posesiones materiales. Por lo general atraerás aquellas cosas que sientes que eres digno(a) de recibir: el automóvil que conduces, la ropa que llevas, la casa en la que vives, etc. La cantidad total y la calidad de tu vida vienen determinadas por tu autoestima y el valor que te das a ti mismo(a).

¿Qué tipo de etiquetas te estás poniendo? Todo(a)s tenemos docenas, quizás cientos de etiquetas que nos hemos ido poniendo a lo largo de la vida. «Yo soy un(a) buen(a) gestor(a); soy asertivo(a), tímido(a), cálido(a), amable, estúpido(a), irritable, de trato difícil, holgazán(ana) o pobre». Debido al hecho de que nos comportamos en función de cómo nos vemos, estas etiquetas u opiniones gobiernan decididamente nuestro comportamiento. Hay etiquetas que pueden ser útiles, pero, con el fin de madurar y desarrollarse, convendrá cambiar algunas de ellas.

Una vez más, tendremos que ser cuidadoso(a)s con la manera en la que hablamos de nosotros(a)s mismo(a)s. El problema estriba en que, sea cual sea la imagen personal que hayamos aceptado, esa imagen le pondrá techo a nuestros potenciales. Ese techo no guarda ninguna relación con la capacidad que una persona pueda tener para utilizar sus potenciales, pero ésta se verá limitada a actuar como la persona que cree ser. Por ello es necesario tomar el control de la autoconversación, o ésta nos controlará a nosotros. Las opiniones o etiquetas que tienes de ti mismo(a) no las vas a poder borrar del todo porque están almacenadas en la memoria subconsciente, pero sí que las puedes *desplazar* a través de la autoconversación. El nuevo mensaje positivo generado a través de la autoconversación se convertirá entonces en tu opinión dominante, y actuarás siempre de acuerdo con tu opinión o creencia dominante.

El motivo para cambiar la imagen personal cuando estás insatisfecho(a) con tu desempeño en un área en concreto es porque tu imagen personal controla tu desempeño. El comportamiento es automático, de modo que, en tanto no cambies la imagen que tienes de ti mismo(a), seguirás actuando automáticamente del mismo modo. La imagen personal regula el uso que haces de tus potenciales. En el momento en que te alejes de tu imagen personal vas a sentir mucha ansiedad y mucha tensión, porque siempre intentamos conducirnos como creemos ser, en función del yo que percibimos en nuestro interior. La imagen personal es lo que creemos que somos capaces de hacer justo en este momento.

Cómo mejorar tus expectativas

Cuando nos vemos obligados (por nuestras propias intenciones o por la situación en la que nos hallamos) a salir de nuestra zona de confort, lejos de nuestro lugar de pertenencia subconsciente, sentimos una profunda ansiedad y una intensa tensión. Porque la cuestión es que no sólo tenemos una zona de confort interior o unas expectativas que guardan relación con el tipo de comportamiento que se espera de nosotros, sino que también se nos ha programado en función del tipo de entorno al cual sentimos que pertenecemos.

Tenemos, por ejemplo, una imagen subconsciente del tipo de automóvil que deberíamos conducir, de los ingresos que merecemos, de los restaurantes en los que nos sentimos a gusto, de las situaciones en las que nos sentimos cómodos, etc. Pero es importante ser conscientes de que, cada vez que nos apartemos de esas imágenes, las tensiones negativas nos van a decir «Vuelve adonde perteneces», obligándonos a regresar al entorno al cual, subconscientemente, pertenecemos. Como podrás ver, esta respuesta hace difícil el cambio o, en el mejor de los casos, lo ralentiza.

Cada vez que nos encontremos en un entorno, un empleo o una situación social con los que no estemos familiarizados, emergerán en nuestro interior multitud de razones lógicas por las cuales no deberíamos participar, porque no va a funcionar o porque deberíamos quedarnos donde estamos. El problema estriba en que nosotros(a)s no establecimos la programación del tipo de entorno en el cual nos íbamos a sentir cómodo(a)s, dado que fue el subconsciente el que absorbió, mediante observación, nuestro lugar de pertenencia. La clave del cambio es la capacidad para visualizarnos en una situación, un entorno, un automóvil, un empleo, una relación o una profesión diferentes.

Identifícate con tu objetivo

Sólo una imaginación intensa, en primera persona y en tiempo presente, puede cambiar tu realidad. De esto se hablará en profundidad en el Capítulo 6, «Programa tu mente para lo mejor»; pero, por ahora, sólo tienes que comprender que visualizar no es como ver una película. Sólo las imágenes que se viven y se identifican en primera persona (en tiempo presente) cambian la realidad. Si no puedes identificarte con la imagen no harás nada, porque no se va a registrar en el subconsciente. Si yo no me identifico con lo que estoy visualizando, me quedo con la impresión de que son otras personas las que pueden ser, tener o hacer eso, pero no yo. Para ellos está bien, pero yo no creo que pueda hacerlo.

Tienes que «verte» en el cuadro. Una afirmación o autoconversación deliberada, combinada con la visualización, da lugar al resultado final. Y haciéndolo una y otra vez, llega un momento en que el subconsciente acepta que eso es verdad.

En un principio, puede existir cierto conflicto entre el punto en el que te encuentras o lo que tienes, por una parte, y aquello que estás aceptando subconscientemente. Sin embargo, una de las principales funciones del subconsciente es resolver los conflictos que emergen entre aquello en lo que pensamos y lo que vivimos en la realidad. Y debido a que el subconsciente es creativo, éste se pondrá a crear aquello que estamos pensando y lo que estamos visualizando.

La clave aquí estriba en no intentar ser diferente de tu imagen. Modifica primero la imagen. La verdadera maduración y el cambio se ponen en marcha en el interior y se difunde hacia fuera. Primero tenemos que cambiar la imagen que albergamos en la mente. Y, cuando lo hacemos, la zona de confort se expande de manera automática. Esto se convierte en nuestra nueva verdad, y luego actuamos de acuerdo con esa nueva verdad o creencia.

Vivimos una profecía autocumplida

¿Cómo sabes cuál es tu imagen personal? Fíjate en tus actos, en tu comportamiento y en tu desempeño, y pregúntate también: «¿Qué espero de mí? ¿Dónde me siento fuera de lugar?».

Si te ves como una persona pobre, inconscientemente harás cosas que te harán perder y, cuando pierdas, ¿qué crees que te vas a decir? «Yo soy así». «Yo siempre pierdo». «Nunca tendré dinero». Esto refuerza la imagen, que hará que vuelvas a fracasar, lo cual generará más autoconversación que, a su vez, reforzará la imagen; y así sucesivamente.

Las personas sin dinero se sienten como víctimas, pero lo que no entienden es que están viviendo una profecía autocumplida. Ésa es la razón por la cual los ricos se hacen más ricos y los pobres se hacen más pobres. No tiene nada que ver con el dinero.

Las personas con una imagen personal ganadora hacen cosas ganadoras. De vez en cuando pueden perder, pero no aceptan eso como su destino. Saben que perder no es normal para ellas, y lo rechazan diciendo «No es normal en mí», «Esto no me suele ocurrir» o «La próxima vez cambiaré esto».

Las actitudes favorecen o impiden el éxito

Las actitudes son extremadamente importantes a la hora de determinar la diferencia entre el éxito y el fracaso. ¿Qué son las actitudes? Las actitudes son las creencias dominantes, y no son positivas ni negativas en sí mismas. Una actitud se evalúa siempre en función del objetivo que tengas.

Una vez marcado el objetivo, la actitud te puede ayudar a alcanzar el objetivo o te puede impedir llegar a él. Por ejemplo, ser introvertido es, en sí mismo, algo que no podemos calificar como bueno ni como malo. Sin embargo, si tu objetivo fuera el de convertirte en un orador y hablar en público, esta actitud no te ayudaría demasiado a alcanzar ese objetivo.

Las actitudes que hemos desarrollado nos llevan a buscar o evitar determinadas situaciones. La mayoría de las actitudes no las elegimos de forma deliberada, sino que se forman inconscientemente.

Por otra parte, si tenemos actitudes que nos llevan a evitar determinadas situaciones, siempre podremos tomar la decisión consciente de cambiarlas. Lo único que tendremos que hacer es establecer una nueva afirmación, visualizar el resultado final –lo que elegimos tener como respuesta– y reimaginarnos como la persona que tiene esa respuesta emocional. Puedes visualizarte buscando –o en algunos casos evitando, si así lo prefieres– una acción en concreto en tu vida cotidiana. Las actitudes nos permiten o nos impiden crecer y madurar, dependiendo del modo en que las utilicemos.

La función principal del subconsciente

El subconsciente es un sistema de control y estabilización que se asegura en todo momento de que nuestra imagen de la realidad se materialice. Se encarga de impedir que nos volvamos locos.

Debido a que el subconsciente registra los hábitos de pensamiento, con independencia de si son buenos para nosotros(a)s o no, tendremos que comenzar por evaluar si estamos funcionando sobre una información válida. ¿Es adecuada esta información para nuestros objetivos hoy en día? ¿Es apropiada para alcanzar el punto en el que queremos estar ahora?

En la relación con el mundo que nos rodea, nuestros actos se basan en aquellos hábitos de pensamiento que el subconsciente acepta. Tenemos que examinar esos hábitos de pensamiento para ver si son relevantes para el éxito, y cuáles de ellos facilitan el avance hacia nuestros objetivos y cuáles no.

O bien nos quedamos como estamos o bien nos convencemos, de forma deliberada, de que lo mejor que podemos hacer es cambiar. Si optamos por el cambio, tenemos que visualizarnos en la nueva creencia.

Una autoconversación constructiva y una buena imaginación se van a encargar de quitarle el techo a nuestras capacidades preconcebidas y nos van a permitir crecer de manera controlada, sin estrés, sin tensiones ni retroalimentaciones negativas.

Pero tienes que comprender que disponemos de una imagen personal *general* y de una imagen personal *específica* para cada área concreta de la vida. Todas las imágenes personales se forman de la misma manera. El subconsciente se ocupa de cerciorarse creativamente de que actúes siempre y en todo momento de acuerdo con la verdad, tal como tú la ves. Tu desempeño (cómo actúas o te comportas) está controlado por tu imagen personal.

Cambia la autoconversación antes de cambiar tus comportamientos

En vez de esforzarte con tus comportamientos, es mejor trabajar en la imagen personal. ¿Cómo lo hacemos? Del mismo modo que se estableció la imagen personal en un principio: a través de la autoconversación. El trabajo sobre la autoconversación se inicia en cualquier área que elijamos cambiar. Comenzamos por controlar la autoconversación, de tal modo que, cuando nuestro comportamiento no es como queremos que sea, nos diremos algo así como «Yo no soy así. No es así como funciono».

A continuación, haz una afirmación del tipo «Yo soy más bien un ganador(a)», «Yo soy más bien cariñoso(a)», «Yo soy más bien una persona de éxito», «Yo soy más bien extrovertido(a)».

Y cuando hagas algo bien, algo que en el pasado no era habitual que se te diera bien, refuerza tu creencia a través de la autoconversación diciendo: «Así es como soy yo», «Éste es mi nuevo yo», «Tengo éxito, es fácil llevarse bien conmigo, soy extrovertido(a), etc.». Mientras haces eso, el subconsciente registra la autoconversación. No registra lo que está ocurriendo; registra tu *opinión* de lo que está ocurriendo. La imagen que captas como verdadera es lo que registras.

Nos movemos en dirección a lo que imaginamos

Nos movemos hacia lo que imaginamos. Física, emocional y psicológicamente creamos, a través de acciones y movimientos, lo que albergamos como imagen en la mente, sea o no bueno para nosotros. En la medida en que mantengamos la imagen, nos veremos atraídos hacia ella, y las imágenes las controlamos a través de la autoconversación dirigida.

Podemos imaginarnos comportándonos de una forma novedosa, aunque en estos momentos nos comportemos de forma totalmente opuesta. Pero, recuerda, el pensamiento tiene que venir antes que la acción. No te preocupes por las acciones. Preocúpate sólo por la autoconversación y la imagen mental. Asegúrate de tenerlas controladas con el fin de que te conduzcan al resultado final deseado. A medida que la imagen cambie, también lo hará tu desempeño.

Tus mecanismos creativos subconscientes saben exactamente dónde te encuentras, a nivel temporal y espacial, en relación con tu objetivo, con el punto en el que te encuentras ahora y con el resultado final que estás intentando alcanzar. Esto estimula la energía creativa y atrae a nuevas personas, cosas materiales, nuevos libros, seminarios o cualquier otra cosa que puedas necesitar para crear la imagen que existe en tu mente, pero la imagen debe establecerse primero. No podemos empezar sin una imagen.

Los mecanismos creativos del subconsciente constituyen un poderoso recurso para hacer uso de tus capacidades creativas. Y, dado que nos movemos en dirección a lo que imaginamos, conviene controlar muy bien las imágenes mentales. El objetivo tiene que estar claramente definido. ¿Qué estás buscando? ¿Qué aspecto tiene? Si no puedes describirlo, no vas a poder alcanzarlo.

Forzar cambios lleva al fracaso

Una de las trampas más peligrosas en las que podemos caer consiste en forzar los cambios, como puede ser intentar disciplinarnos y decirnos: «Tengo que hacer esto», «Tengo que perder peso», «Tengo que esforzarme más». Esa presión no es otra cosa que el subconsciente maniobrando en contra del resultado final.

En cuanto te digas «tengo que» lo que sea, es el subconsciente el que está diciendo: «No, no lo hagas», «No tienes que hacer nada», «Te sacaré de ahí». De este modo, a través de la evitación, de dilaciones o de cualquier otra forma posible, encontrarás la manera de no hacerlo. Cuando dices «Tengo que», estás diciendo «Tengo que, pero preferiría hacer cualquier otra cosa». Cuanto más te esfuerces en hacer algo, más te vas a oponer a los mecanismos creativos naturales de tu subconsciente.

Si yo reconozco que puedo, que opto por cambiar o que quiero cambiar porque tengo la intención de convertirme en tal cosa, dispondré del poder al que renuncian muchas personas. En cuanto reconozco que soy una persona que se hace a sí misma tanto en los éxitos como en los fracasos, y que esos éxitos o fracasos son míos y los puedo controlar yo, dejo de decir «Tengo que» y digo, más bien, «Opto por». Yo puedo ser como me dice mi imagen que puedo ser, y dirigirme constructivamente hacia ese resultado final con entusiasmo y lleno de energía.

Recuerda, tu palabra es ley

Cuando puedes confiar en las promesas que te haces y que les haces a los demás te conviertes en una persona poderosa. Nuestra fuerza no es otra que la fuerza de nuestra palabra. Si le das tu palabra a alguien de que vas a ir a determinado lugar en un momento concreto, o que vas a llamar en un momento dado, o que vas a hacer este o aquel cambio, tienes que ser capaz de hacerlo, porque, con cada ocasión en que no cumples tu palabra, pierdes poder.

Y no es sólo la palabra que puedas darle a los demás, porque puedes poner excusas; es también la palabra que te das *a ti mismo(a)* cuando te dices que vas a hacer algo. Cuando te concedes la palabra de que vas a cumplir con algo has de tener la certeza de que puedes contar contigo. Con ese poder, ese sentimiento, esa creencia, no hay mucho que no puedas hacer, porque sabes que haces que las cosas pasen.

Todo estriba, simplemente, en alejar la mente de aquello que no quieres y enfocarla en aquello que deseas. No pierdas el tiempo imaginando lo que estás intentando evitar. En vez de *alejarte* de algo que no quieres, ve *hacia* lo que deseas. Esto es psicología pura y dura. Con demasiada frecuencia quedas atrapado(a) en actitudes realistas. «Yo siempre he sido así». «Así es como me comporto». «Así es como soy». «Así es como me sale siempre todo». El mejor consejo que puedo darte es que te olvides de tu historial pasado. Cada instante es un nuevo comienzo.

¿Qué es lo que quieres realmente?

Las personas que exhiben un elevado desempeño, que tienen éxito, dejan claro lo que quieren y se dirigen hacia el resultado final; de modo que, ¿qué es lo que deseo? Eso tienes que decidirlo por ti mismo(a). ¿Qué me hace feliz? ¿Por qué voy al trabajo? ¿Por qué voy a clase? ¿Por qué me involucro en algo? ¿Qué quiero para mí?

Lo que todo el mundo quiere en la vida es *sentirse bien*. Es así de simple. Ésa es la *sensación* que buscamos. Tendemos a ir en pos de cosas que nos hagan sentirnos bien. Las cosas materiales o los acontecimientos no son más que una excusa para ello. ¿Qué es lo que me pone? ¿Con qué disfruto? Ésa es la clave. En cuanto sepas eso (y la respuesta va a ser diferente para cada persona), te va a resultar muy fácil alcanzar tu objetivo.

Cuando hagamos deliberadamente lo que nos gusta hacer, atraeremos a aquellas personas y circunstancias que necesitamos para lograr nuestro objetivo o propósito.

Cuando utilizas de manera consciente las herramientas de la autoconversación y la imaginación, dejas fuera de servicio tu sistema; pues te vas a ver arrastrado con fuerza, casi de un modo obsesivo, hacia aquello que afirmas e imaginas. Si utilizas los conceptos sólo en un área de tu vida, te obsesionarás con eso. Marcarse metas con un equilibrio igualmente proporcional es la clave para que no extraigas de una parte de tu vida para dar satisfacción a la otra.

Comienza por saber dónde quieres ir y ponte a hablar contigo mismo(a) acerca de ello. La autoconversación, combinada con una imaginación constructiva, son las herramientas más poderosas que puedes utilizar para ir desde donde estás ahora hasta donde quieres estar.

Capítulo 4

Creer es ver

En este capítulo quiero ofrecer algunas herramientas para que aprendas a marcarte metas. Pero has de saber que los conceptos y las ideas que aparecen en esta sección pueden cambiar el modo en que abordas tu vida a partir de ahora.

Existe una creencia general en nuestra cultura que dice que «Ver es creer». En esencia, tenemos que ser realistas. Si puedo verlo, me lo creeré. Pero ya hemos visto que los seres humanos no se comportan de acuerdo con la verdad, sino con su percepción de la verdad.

La percepción de la realidad limita el éxito

A las personas que tienen que ver antes de creer, o que deben tener una retroalimentación determinada antes de asumir un riesgo, les resulta muy difícil crecer y cambiar. Se pasan la mayor parte de la vida esperando a que ocurra algo, en vez de hacer que ocurra.

Es una realidad que estimulamos la energía creativa en proporción directa a nuestra capacidad en el uso de la imaginación. Sin embargo, el uso de la imaginación puede verse limitado por la percepción que tenemos de la realidad. Todos tenemos limitaciones naturales a la hora de percibir la realidad, pero podemos expandir nuestra consciencia de esa realidad. No estaremos limitados por ella a menos que optemos por estar limitados. Para cambiar esto, tenemos que estar dispuestos a comprobar si nuestra percepción de la realidad está limitada o distorsionada.

No existen dos personas que tengan la misma consciencia o percepción de la realidad. Esto da cuenta de la singularidad de cada individuo. Aunque percibimos el mismo mundo, interpretamos lo que vemos de forma diferente; de tal modo que, en la medida en que tengamos la consciencia o la percepción limitadas, también estarán limitados nuestros hábitos, pensamientos y acciones. Nuestra consciencia es simplemente una combinación de todas las experiencias, impresiones y actitudes que hemos ido acumulando desde que nacimos. Nuestra consciencia se puede resumir en que es la suma total de nuestra experiencia vital. La consciencia determina la claridad con la cual percibimos y comprendemos todo cuanto afecta a nuestra existencia.

Todo lo que ocurre en tu vida se filtra a través de tu consciencia, y luego actúas de acuerdo con tu nivel de consciencia presente. Si tu consciencia es defectuosa, tus actos serán defectuosos, de tal modo que no es lo que *sabemos* lo que nos mete en problemas, ¡es lo que *creemos que sabemos* y no es así en realidad! Cada decisión que tomamos y cada acción que emprendemos se basan en el nivel de consciencia que tenemos en un momento determinado. Con el fin de ser todo cuanto podemos ser, tenemos que trabajar una y otra vez para cambiar y expandir nuestro nivel de consciencia, o nuestra percepción de la realidad.

Una de las percepciones que presenta defectos en la consciencia de la mayoría de las personas es aquella que afirma que «ver es creer», cuando lo cierto es que, aunque haya algo que no podamos ver, eso no significa que no esté ahí. El motivo por el que no vemos oportunidades ni soluciones no es porque no estén ahí, sino porque no hemos determinado qué estamos buscando. En vez de esperar a ver antes de creer, tenemos que marcarnos una meta primero, antes de que la realidad sea susceptible de cambiar. Cuando nos establecemos una meta, el cerebro y la mente, trabajando al unísono, actúan como un dispositivo natural de filtrado que nos ayuda a alcanzar nuestro objetivo.

¿Qué estás buscando?

Lo primero que tienes que hacer es preguntarte: «¿Qué hay de *valor* para mí? ¿Qué es importante o valioso para mí? ¿Qué estoy buscando?

¿Qué es lo que quiero? ¿Qué resultado final busco?». Estas preguntas y sus correspondientes respuestas juegan un papel decisivo en nuestro éxito. La interacción entre el cerebro y la mente no te ayudarán a alcanzar tus objetivos en tanto no tengas del todo claro qué quieres. La información no pasará mientras no respondas a la pregunta «¿Qué quiero?».

Centra tu mente en esta idea: *tienes que saber qué quieres para que tomes conciencia de cómo conseguirlo.* Determinando, en primer lugar, qué hay de valioso para ti, dejas automáticamente que esa información que es importante para ti se filtre. Si sabes justo qué es lo que quieres –qué tipo de casa, de empleo, de automóvil, de ingresos, de clientes, de relaciones, etc.–, incrementarás tu consciencia de oportunidades valiosas y de información que te ayudarán a alcanzar tu meta.

El mecanismo mente-cerebro filtra de forma natural cualquier información que no sea de valor para ti o que no plantee una amenaza para tu seguridad. Esto se debe comprender bien. Cualquier información que no sea de valor para ti o que no plantee una amenaza para tu supervivencia *no te va a llegar. Va a ser ignorada.* Al igual que el filtro de *spams* de tu correo electrónico, la mente-cerebro descarta miles de mensajes, dejando pasar tan solo aquellos mensajes o aquella información que sea de valor para ti. Pues si permitiera que pasara toda la información, tu sistema nervioso se sobrecargaría en extremo y serías incapaz de lidiar con todos los datos que se te presentan. Para garantizar tu supervivencia, también permite que las amenazas de perjuicio físico o psicológico pasen siempre el filtro.

Simplemente, la cantidad de información que nos llega en todo momento es excesiva. Es imposible hacerse cargo de toda esa información, de modo que tenemos que determinar con exactitud qué es lo que queremos. De ese modo, la mente-cerebro se hará muy selectiva en cuanto a la información que tiene verdadero valor para nosotros.

La información exacta cuando la necesitas

Una vez determinemos qué queremos, la información comenzará a fluir. Recuerda que el hecho de que no podamos ver algo no significa que no exista. Sólo significa que estamos bloqueando información que no es importante para nosotros en este momento. Tal bloqueo es natural, y es tan solo un mecanismo de protección que nos impide volvernos locos. Sin embargo, si no se le ponen límites, este mecanismo puede limitar nuestras posibilidades.

En todo momento existe una ingente cantidad de información disponible que puede serte útil para crear aquello que deseas. No obstante, la mayoría de las personas o colectivos (y los negocios entran dentro de esta categoría) intenta resolver los problemas sin determinar primero con exactitud qué desean lograr.

Toman decisiones basadas en los hechos disponibles o en los recursos que tienen en este momento. La respuesta natural es: «No podemos hacer eso. No sabemos de dónde va a venir el dinero. ¿Quién nos va a ayudar? No tenemos lo que necesitamos. No tenemos lo que hace falta», o bien «No disponemos de la suficiente experiencia con esto».

Céntrate en el resultado final

Lo que quiero decir es que no necesitas conocer todas esas respuestas. De hecho, si tuvieras las respuestas a todas esas preguntas, esa información sería contraproducente en estos precisos momentos. Lo que tienes que saber es: ¿Cuál es el resultado final? ¿Dónde quiero terminar? ¿Qué quiero crear? Márcate la meta *en primer lugar,* y la información necesaria llegará. Disponer de toda esa información primero, sin la meta, no hace otra cosa que confundir a la mente y crear impedimentos.

Recuerda esto: la información no llega primero. Antes de que la información se filtre y llegue a tu consciencia, tu mecanismo mente-cerebro tiene que fijarse en la meta o resultado final. Una vez establecida ésta, todo cuanto necesites saber para alcanzar el resultado final se te irá presentando a su debido tiempo.

A menos que algo tenga un valor personal o amenace tu seguridad, no serás consciente de la información que necesitas. Para poder ser consciente de esta información, deberás tener la meta primero. Las personas con un elevado rendimiento, las personas que consiguen hacer cosas, conocen este secreto: *creer es ver.* El resto del mundo pide primero los hechos antes de creer, pero las cosas no funcionan así. Tienes que creer en la meta primero, y luego ya verás cómo hacerlo, porque la información necesaria te llegará. Tienes que determinar lo que es de valor para ti –qué tipo de clientes quieres, qué tipo de hogar quieres, qué tipo de conocimientos quieres– antes de que te llegue el cómo.

Encontrarás aquello que estés buscando

He aquí un ejemplo de cómo funciona. Supón que estás interesado(a) en una marca concreta de automóvil. Quizás estés considerando comprarte uno de esos vehículos, o acabas de comprarte uno. Pero fíjate que, en cuanto decides qué quieres, ves esa misma marca de automóvil por todas partes.

Da la sensación de que te encuentras con uno de ellos cada pocos kilómetros. ¿Por qué? Porque esa marca de automóvil en concreto tiene ahora valor para ti. Este ejemplo se podría aplicar a las metas de encontrar clientes, empleo, negocios o personas con las cuales te gustaría relacionarte. En cuanto sepas qué buscas, las oportunidades y la información se harán evidentes. Si no sabes lo que estás buscando, no lo encontrarás, aunque pase por delante de ti todos los días a lo largo de tu existencia. Esto también se aplica a los clientes. Saber exactamente qué es lo que tus clientes quieren te hará más consciente de cómo puedes ayudarlos a conseguirlo. Si no sabes exactamente lo que quieren no te va a llegar la información relativa a cómo puedes ayudarlos.

Si quieres ser un buen conversador, convendrá que digas algo de valor para la otra persona. De otro modo, esa persona hará oídos sordos o bloqueará la conversación, pues sólo prestamos atención a aquello que es de valor para nosotros.

Sé creativo(a) con tus limitaciones

Otra razón por la que no ves las oportunidades es porque te limitas en la manera de pensar. Tienes que estar dispuesto(a) a ser creativo(a) con tus limitaciones.

Muchas veces nos sentimos incómodo(a)s cuando nos encontramos con opiniones, creencias o actitudes contradictorias o conflictivas al mismo tiempo. Evidentemente, es posible mantener actitudes diferentes sin sumirte en un dilema en tanto en cuanto no se dé una situación en la que estas actitudes entren en confrontación directa. Normalmente, cuando alguien se introduce en un entorno o situación nueva con la que no está familiarizado, es necesario realizar algún cambio en el comportamiento o alguna modificación de actitudes para reducir o eliminar la ansiedad. Intentamos mantener siempre cierto equilibrio psicológico merced al encaje de determinados aspectos de nuestro interior.

La forma más habitual de aliviar un conflicto es mediante la racionalización. La racionalización es aquello a lo que se recurre cuando uno intenta explicar la lógica o el motivo de sus actos, sus opiniones o conductas. Para no parecer tonto(a) o cometer errores embarazosos, una persona emplazará a otros o reunirá información que apoye su opinión o justifique su comportamiento. Un ejemplo de ello es cuando conocemos a alguien del sexo opuesto y nos sentimos atraídos por un rasgo en concreto de esa persona; en estos casos se tiene la tendencia a ver subconscientemente sólo los rasgos buenos, haciendo caso omiso de los rasgos negativos. Esto justifica nuestros motivos para iniciar una relación con esa persona.

Antes de adoptar un compromiso o tomar una decisión, la persona pasará por una etapa en la que evaluará la situación general, tiempo durante el cual se mantendrá abierta a toda información novedosa. Sin embargo, en cuanto tome una decisión o adopte un compromiso, emplazará exclusivamente a personas o hará acopio de hechos que la hagan parecer «buena» o le den la «razón» por creer y actuar de la manera en que lo hace. A este proceso se lo denomina *aglomeración.*

Por desgracia, cuando intentamos demostrar que tenemos razón por ser de la manera que somos o por elegir lo que elegimos, bloqueamos información que podría sernos útil a la hora de tomar decisiones racionales, cegándonos de este modo a otras opciones. Si nos aferramos a una idea o a un motivo de por qué algo no funciona, la solución no nos va a llegar.

Soluciones en vez de problemas

El hecho de que no podamos ver una solución no significa que no exista. Si te dices que no hay manera de que puedas ampliar tu negocio, que no hay forma de llevar a término este o aquel proyecto, que no hay modo de conseguir algo o de alcanzar los que quieres, te estarás centrando en el problema en lugar de centrarte en la solución. Puedes recurrir a la mente subconsciente para obtener respuestas y soluciones, o bien puedes recurrir al mismo subconsciente para inventarte razones o racionalizaciones de por qué no se puede hacer. La elección está ahí, y la elección es tuya.

Un ejemplo de esto lo tienes cuando aparece el deseo de comprar algo. La mayoría de las personas buscan por ahí el mejor precio. En cuanto encuentran el objeto que buscan, normalmente buscarán la manera de reducir gastos o de prescindir de alguna otra cosa que quizás sí puedan permitirse, sin darse cuenta de que pueden utilizar la *misma* energía creativa para encontrar la manera de *conservar lo que tienen* y ganar *más dinero* para comprar lo que quieren.

Dicho de otro modo, pueden recurrir a la misma energía creativa tanto para desplazarse hacia delante como para desplazarse hacia atrás.

Cuando nos atenaza el miedo, no nos cuesta nada racionalizar motivos para retirarnos, ceder o reducir, o por los que no podemos hacer algo. ¿Estás utilizando tu energía para determinar qué cosas no están a tu disposición o no pueden sucederte, o estás poniendo tu energía en cómo hacer que ocurran?

Atraemos aquellas cosas que creemos merecer

Otro motivo por el cual vemos problemas y fracasos en lugar de soluciones u oportunidades es porque no nos sentimos merecedores de ser, hacer o tener las cosas que de verdad deseamos, y el problema es que sólo podemos atraer aquellas cosas que creemos merecer. Cuanto mayor sea tu autoestima, mayor será el valor que te darás a ti mismo(a), mayores las opciones que tendrás y mayores los riesgos que podrás tomar. Cuanto mejor pienses de ti mismo(a), más desearán los demás formar parte de tu vida. Querrán ser clientes tuyos o amigos.

Una persona con un fuerte sentido de valía personal dice: «Puedo manejar cualquier cosa. Todavía no sé cómo se maneja esto, pero no había tenido necesidad de saberlo hasta ahora. Ahora que está aquí, la información necesaria para manejarlo me va a llegar». Así pues, todo se convierte en una oportunidad para aprender y para hacer más.

Deja que los demás te enseñen

En ocasiones, la información que necesitamos nos llegará a través de otras personas. Puede llegar en la forma de una sugerencia o, incluso, de una crítica. Sin embargo, si tenemos una baja autoestima, no seremos capaces de aceptar las sugerencias ni de gestionar las críticas de los demás. Nos pondremos a la defensiva: «¿Por qué iba yo a tener que escuchar a mis subordinados?» «¿A qué santo voy a escuchar a mis hijos? ¿Qué pueden saber ellos que yo no sepa?» «¿Por qué voy a escuchar a mi pareja? Yo soy más inteligente que él (o ella)». El error que cometemos estriba en que, si aceptamos sólo nuestra propia opinión, descartamos todo lo demás. Y, una vez más, nuestra estima no es suficientemente alta como para aceptar lo que los demás nos puedan aportar.

¿Cuántas veces has dicho «No me digas cómo hacerlo. Quiero hacerlo por mí mismo»? Lo que estabas diciendo realmente era: «No quiero que me lo demuestres, porque entonces va a parecer que eres más listo(a) o más inteligente que yo. Dado que tengo una baja autoestima, para mí es importante parecer que sé lo que hago en todo momento».

Conviene que dejes que los demás te enseñen. Esto no significa que tengas que aceptar todo lo que te digan, pero conviene que al menos los escuches para ver si lo que tienen que decir es de valor. No importa quién te ayude o te muestre el camino. Lo único que importa es el resultado final. Una respuesta sana sería: «Si me puedes mostrar llegar allí de una manera más fácil, mejor o más rápida, entonces estaré dispuesto(a) a aprender de ti».

Si no se te ocurre el modo de conseguir lo que quieres no es porque seas tonto(a); es porque estás condicionado(a) a no ver más allá del actual nivel de consciencia. En los negocios existe cierta tendencia a aferrarse a los enfoques tradicionales. «Así es como se ha hecho siempre». Pero, si recurrimos a este tipo de pensamiento y nos aferramos al pasado, nos volveremos ciegos a otras fórmulas, de modo que hazte estas preguntas: «¿Qué ideas, creencias o actitudes he aceptado? ¿Tengo alguna idea, opinión o actitud que no me esté siendo útil para llegar adonde quiero llegar, hacer lo que quiero hacer o ser lo que quiero ser?». Si la hay, entonces tendrás que estar dispuesto(a) a desprenderte de esa idea, creencia o actitud, y a concentrarte en el resultado final. Tienes que permitir la entrada de información novedosa que te facilite alcanzar el resultado final.

Quiero que reconozcas que no necesitas saber algo acerca de una asignatura en particular que quieras aprender o de un negocio en el que te quieras introducir. El hecho de que te falte experiencia en algo o de que no se te dé bien determinada asignatura en clase no significa que seas incapaz de aprender. Sólo significa que la información relativa a cómo hacer las cosas no te resultó valiosa en el pasado, pero fíjate en cómo llega la información ahora que has definido con claridad lo que quieres.

Adonde quiero llegar es a esto: en cuanto decidas cómo quieres vivir, qué quieres que consiga tu grupo o qué deseas crear a título personal, el proceso se volverá excitante, porque la información entrará y saldrá, y encontrarás la manera de que ocurra.

Consigue que los demás cooperen

También te animo a que no sólo hagas que las cosas sucedan para ti nada más, sino también en tu negocio, en tu empresa, tu familia o en cualquier grupo con el que trabajes. En este caso, no se tratará tanto de lo que tú creas, sino de lo que puedas conseguir que crea la gente que te rodea. La clave estriba en conseguir que los demás crean que son mucho más capaces de lo que creen ser, y en conseguir que dejen de regodearse en sus limitaciones, en por qué no se puede hacer algo o en el modo en que se condujeron en el pasado. Lo que quieres es que comiencen a centrar la atención en hacia dónde quieren ir o en qué quieren convertirse. Una vez más, el resultado final es lo único que cuenta.

Cuando tengas una idea o creencia y estés buscando la manera de crear algo que no existiera antes –un nuevo producto, servicio, negocio o cualquier otra cosa– tu problema no va a ser que *tú* creas en esa idea, sino intentar convencer *a los que te rodean* de que eso es posible.

Para conseguir la ayuda y la cooperación de los demás con el objetivo de alcanzar una meta, tu mayor problema será cómo conseguir que los demás crean en *ti*. «¿Cómo puedo hacer que me den su apoyo?». Éste es el problema al que se enfrenta todo líder. No es tanto una cuestión de lo que tal líder pueda creer, sino más bien de lo que el líder consiga que crea la gente que tiene a su alrededor.

Sabemos que todo el mundo actúa en función de la verdad, tal como la perciben. Si su percepción de la realidad es defectuosa, esgrimirá razones lógicas de por qué algo no funciona, por qué no se puede hacer, por qué es imposible, por qué es demasiado difícil de conseguir. Recuerda que no está intentando sabotearte ni detenerte de forma intencionada, sino que simplemente está actuando en función de la verdad, tal como la percibe.

El desafío estriba en cómo llevar a la gente a creer que puede hacer más de lo que cree que es capaz de hacer. Quizás seas capaz de ver que tus hijo(a)s disponen de potencial, pero va a dar igual que tú puedas ver su potencial si *ello(a)s* no pueden verlo. Quizás puedas ver el potencial de uno de tus empleado(a)s o de tu pareja, pero dará igual si ello(a)s no pueden verlo, porque tienen que actuar en función de la verdad, tal como la perciben.

Ayuda a los demás a cambiar sus expectativas

Los buenos líderes, progenitores y parejas son capaces de ayudar a los demás a cambiar sus expectativas con el fin de cambiar lo que creen que es verdad. Son capaces de motivarlos para que crean en algo que no creían antes, y, a continuación, los ayudan a convertir tal creencia en realidad a través de la autoconversación y la imaginación.

Para conseguirlo, no puedes limitarte a pedirles que te sigan ciegamente. La gente de hoy en día es demasiado sofisticada como para eso. Cuando éramos niños lo hacíamos porque vivíamos según la fe, pero luego nos convertimos en adultos lógicos y queremos que nos den razones lógicas. Tienes que enseñar a los demás cómo crear a partir de una idea, cómo utilizar las herramientas que estamos aprendiendo a lo largo de este libro. Si no están dispuesto(a)s a utilizar estas herramientas, harán todo cuanto puedan para demostrar que tienen razón al creer lo que creen, y al final o bien intentarán sabotearte o bien intentarán detenerte para tener razón.

Rodéate de personas «capaces de hacer»

Observa qué personas hay en tu vida que te dicen: «No se puede hacer», «No hay manera» o «No veo la manera en que podamos hacerlo». ¿Estás dejando que estas personas determinen si eres capaz o no de hacer algo? En esencia, ¿estás entregando tu poder a estas personas? Si lo estás haciendo, reclama ese poder. ¿De qué tipo de personas te rodeas en tu negocio? ¿Son de esas que siempre están buscando razones de por qué no puede hacerse algo, o se trata de personas que encuentran soluciones?

Sé muy cuidadoso(a) al elegir a las personas de las que te rodeas, porque van a influir notoriamente en tu creatividad, tanto si te percatas de ello como si no. Su negatividad se vuelve contagiosa, en la oficina, en tus relaciones, en tu familia y en el negocio. Las personas que creen que las cosas no se pueden hacer intentarán demostrar que tienen razón, pero las personas que saben que las cosas se pueden hacer harán que las cosas ocurran.

Si tienes un negocio, no le pagues a gente que te diga que algo no se puede hacer. Tú mismo(a) puedes pensar en todos los motivos del mundo por los cuales algo no se puede hacer. No necesitas tener a nadie a tu alrededor que te diga que no se puede hacer y, encima, pagarle por ese privilegio. Rodéate de personas con una alta autoestima que te digan cómo se pueden conseguir las cosas, cómo hacer que sucedan. Enséñales a buscar soluciones en vez de problemas. Un líder fuerte marca una meta y, luego, hace lo que haga falta para conseguir que suceda. Si educas a la gente que te rodea para que se marque metas, tomando como base lo que tú quieres conseguir y no lo que tiene a su disposición, entonces te convertirás en un líder fuerte y las personas que te rodean se convertirán en personas de alto rendimiento.

Para crecer o cambiar tenemos que aprender a alterar nuestras expectativas. Por otra parte, para elevar nuestras expectativas, hemos de creer intensamente en nosotros mismos y en nuestras metas. Tenemos que estar convencidos de que podemos tomar una idea y hacerla realidad. El resto del mundo quiere ver las cosas antes de creer en ellas, pero tú *tienes que creer antes de poder ver.* Y en la medida en que hagas acopio de fe en tus propias potencialidades, esa fe se la transmitirás a los demás. Conociendo tus propias capacidades y las de las personas que te rodean podrás conseguir cosas que a otros les parecen poco realistas o imposibles.

El verdadero significado de la fe

Todo esto se resume en tener la capacidad para llevar a cabo empresas que para otros resultan difíciles o imposibles. ¿Cuántas veces te has marcado metas tomando como base lo que indicaban las apariencias, lo que podías ver, lo que disponías y lo que pensabas que sería realista? No bases tus metas en lo que tienes o en lo que has hecho, sino en lo que quieres y en dónde quieres llegar en última instancia.

Todo lo que he dicho hasta aquí se puede resumir en una palabra: *fe.* La fe no es algo religioso ni esotérico. Es un sólido hecho psicológico y fisiológico. Cuando comprendes cómo funciona la mente-cerebro, sabes que la fe, que es *creer antes de ver,* es el proceso natural de creación.

Cuando entiendes que la fe que pones en tu capacidad de crear es lo que determina los resultados, entonces te vuelves capaz de salir ahí fuera y lograr cosas que los demás consideran imposibles.

Tú simplemente centra la vista en lo que quieres y, luego, deja que te llegue la información que te permitirá hacerlo realidad, sin estrés y sin esfuerzo. Lo cierto es que todo lo que estás buscando se halla, al mismo tiempo, buscándote a ti. Y todo se inicia con *creer antes de ver.*

Capítulo 5

Escribe tu propio guion

Todos los seres humanos tienen el deseo innato de alcanzar su pleno potencial. El problema estriba en que este deseo por crecer y desarrollarse nos hace desdichados por cómo son las cosas.

Tenemos tres creencias principales en relación con la vida que nos impiden ser felices y sentirnos satisfechos.

La primera creencia es:

Lo que no tengo es mejor que lo que tengo. Ésta es una variación de «Las manzanas siempre parecen mejores en el huerto del vecino».

La segunda creencia es:

Cuanto más, mejor; con independencia de cuánto tengamos, cuanto más tengamos, mejor es.

La tercera creencia es:

Cuando consiga lo que quiero, seré feliz. ¿Es esto realmente cierto?

¿Acaso la vida consiste en resolver problemas?

Quizás conozcas el término «ética del éxito». Dicho de forma sencilla, la ética del éxito afirma: «Cuando consigas lo que quieres serás feliz». Se basa en la teoría de que, si nos esforzamos y resolvemos todos los problemas de nuestra vida, algún día seremos felices.

La mayor parte de nuestros pensamientos y actividades en la vida se centran en la resolución de problemas. Como hemos visto, aquello en lo que piensas se convierte en realidad; así pues, ¿en qué piensas la mayor parte del tiempo? Normalmente en problemas. De hecho, lo primero que piensa la mayoría de la gente cuando se levanta de la cama por las mañanas es en los problemas que tiene que resolver y en lo duro que va a ser el trabajo. Se nos ha entrenado para pensar en lo que no es, lo que debería ser y lo que no tenemos, y luego en cómo podríamos remediar una situación, resolverla o mejorarla. De modo que, cuando te despiertas, te centras automáticamente en todos los problemas a los que tienes que enfrentarte ese día.

No obstante, si miras tu vida objetivamente, es posible que te des cuenta de que resolver problemas, trabajar duro y tener las cosas «correctas» no mejora de forma fundamental tu calidad de vida. De hecho, lo más probable es que empeore, al reducirse la diversión y la excitación de vivir.

Cómo comprender el proceso creativo

Hablemos del proceso creativo. Tú y yo queremos dar forma a nuestra vida de la mejor manera posible. Para ello, tenemos que fluir *con* la vida, en vez de fluir *contra* ella. Y para fluir con la vida tendremos que crear a partir del modelo Ser-Hacer-Tener. El universo fluye desde el ser al hacer para finalizar en tener.

Ser es una experiencia interior; procede de *dentro* de ti. Puedes permitir que las circunstancias exteriores determinen tu estado de Ser –tu nivel de felicidad y satisfacción–, pero corres el peligro de que esas circunstancias exteriores terminen controlando tu vida y tus sentimientos acerca de ti mismo(a).

Si dices: «Seré feliz cuando (rellena este espacio)», nunca serás feliz. Supón que crees que un nuevo empleo va a cambiar tu vida, de modo que consigues un nuevo trabajo y, no mucho después, te encuentras con lo mismo; tienes que tratar con la gente, gestionar responsabilidades, cumplir con plazos y trabajar con otras personas que no tienen las cosas tan claras como tú. Ésa es la realidad. Entonces te das cuenta de que tu empleo no supone una gran diferencia en la forma en la que te sientes, de modo que comienzas a buscar otras cosas que puedan hacerte feliz.

A lo mejor te planteas la posibilidad de que una nueva pareja, un nuevo hogar, tener un bebé o ganar más dinero pueda cambiar tu vida, de modo que, poco a poco, con el tiempo, vas consiguiendo todas esas cosas, sólo para darte cuenta de que sigues sin ser feliz. La razón es muy simple. *Nada fuera de ti te hará nunca feliz,* porque la felicidad es una experiencia que va de dentro hacia fuera, y comienza en el nivel del Ser.

Por qué la «ética del éxito» no funciona

Ya hemos dicho que el universo fluye desde el Ser al Hacer para finalmente llegar al Tener; pero, por desgracia, la ética del éxito, que es la que la mayor parte de la gente utiliza para dar forma a su vida, fluye desde el Tener al Hacer para llegar finalmente al Ser.

La ética del éxito afirma que, si *tienes* las cosas que tienen las personas felices y satisfechas, y *haces* lo que hacen las personas felices y satisfechas, entonces *serás* feliz y *estarás* satisfecho. ¿Es esto cierto? Bien, tú y yo tenemos más cosas de las que hayan podido tener ninguna otra generación en este planeta. Disponemos de más tiempo para hacer lo que queremos, de más dinero para gastar en lo que deseamos y estamos tecnológicamente más avanzados que cualquier otra civilización en la historia de este planeta. Pero mira a tu alrededor y verás que, como cultura, estamos lejos de sentirnos felices o satisfechos.

La verdad es que la vida fluye desde el Ser al Hacer para finalizar en el Tener. Si tú *eres* feliz y *estás* satisfecho(a) de dentro hacia fuera, empezarás a *hacer* lo que hacen las personas felices y satisfechas, y *tendrás* lo que tienen las personas felices y satisfechas. Una de las mayores aportaciones de Buda fue su enseñanza de que *el deseo genera sufrimiento.* Esto significa que, si no te conformas con lo que ya tienes y deseas algo más, vas a sufrir. Ahora bien, esto no significa que no debas crear más cosas en tu vida. Todo lo contrario, tanto tú como yo somos seres creativos y tenemos un propósito, pero hay muchas personas que son desdichadas, con independencia de lo mucho que tengan. Parece que siempre queramos lo que no tenemos y, sin embargo, después, cuando conseguimos finalmente lo que queríamos, es como la canción «Is that all there is?» («¿Eso es todo lo que hay?»). Creíamos que lanzaríamos cohetes y que la vida sería del todo gratificante, pero entonces llegó la decepción, porque echábamos de menos algo más.

Buda decía que teníamos que renunciar a los deseos y que, de ese modo, eliminaríamos el sufrimiento. Pero, aunque esto es importante, no constituye la totalidad del mensaje. Una de las cosas más importantes del hecho de aceptar dónde te encuentras y de disfrutar de lo que ya tienes es que puedes disfrutar de la misma paz interior, la misma tranquilidad y la misma alegría *en este momento* que la que crees que tendrás cuando, transcurrido el tiempo, llegues adonde querías ir. Éste es el mensaje más importante. Vivir en el presente no significa que tengas que aceptar lo que tienes y dejes de crear. Significa, simplemente, que tú ya tienes lo que quieres en el nivel del Ser. En ese nivel, que es justo donde estás ahora, tú ya tienes éxito.

La vida no es conseguir cosas

La mayor parte de la existencia de las personas se ocupa en *conseguir* algo, cuando lo cierto es que no hay nada que obtener. Lo único que hacemos es Ser. El Ser genera el resultado final. Es imperativo que comprendas que las partes del hacer y tener de tu vida no son las que determinan tu calidad de vida. El aspecto Ser es el que determina en realidad tu calidad de vida. *Quién eres* –tu percepción consciente de tu Yo (Ser)– controla lo que te sucede.

Ocurre algo interesante cuando centras tu atención en resolver problemas e intentar mejorar las cosas: te pierdes lo que ya tienes. De modo que la única manera de encontrar felicidad y satisfacción consiste en disfrutar de lo que tienes en este momento. Una vez más, no quiero decir que no deberías marcarte metas ni hacer planes. Lo que afirmo es que deberías disfrutar del instante presente, porque es lo único que tienes. Crea para el mañana, pero vive en y para el presente.

En la vida sólo tenemos dos opciones. La primera es disfrutar de lo que tenemos hoy, y la segunda es tener ansiedad por lo que no tenemos y centrarnos en el mañana con la esperanza de que será mejor. No hay más opciones. Pero recuerda, conseguir lo que quieres no va a cambiar tu vida en el nivel del Ser, de modo que no dejes que lo que tienes determine *quién eres,* pues, de otro modo, siempre te sentirás insatisfecho(a). Si te empeñas en ir a alguna parte o en conseguir algo para que te haga feliz, vas a estar dando vueltas en la noria durante el resto de tu vida. Estarás funcionando desde la creencia hipnótica de que más es mejor, y que es mucho mejor estar allí que estar aquí.

Ve en pos de lo que deseas, pero disfruta del viaje. La vida es un viaje, no un destino. Pero has de saber que, cuando consigues lo que quieres, eso no va a cambiar quién eres en el nivel del Ser, de modo que pásatelo bien, ámate incondicionalmente y participa en el viaje. La recompensa en la vida no viene del logro. Viene de participar a lo largo del camino. Escribir tu propio guion significa que eres tú quien decide de qué va a ir el viaje y qué aspecto tiene el destino.

Tu intención pone en marcha el universo

Tu intención pone en marcha el universo. El universo fluye en la dirección de tu intención, por lo que es importante que tengas clara tu intención exacta en cualquier situación. Si eres del todo claro en este aspecto, tu mecanismo subconsciente del éxito te ayudará a llegar allí. A la mayoría de las personas les resulta difícil generar el tipo de vida que quieren porque no han decidido con claridad adónde quieren ir ni han visualizado cómo serán las cosas cuando lleguen allí. Sin embargo, las personas que llevan una vida de éxito y con propósito es porque han desarrollado en su mente una imagen clara de lo que quieren crear en su vida.

¿Te has preguntado alguna vez por qué los propósitos de año nuevo no funcionan? Todos tenemos muy buenas intenciones, pero lo que suele ocurrir es que decimos cosas como «No voy a comer más dulces», «Voy a dejar de gritarles a los niños» o «Voy a comer menos». Pero fíjate que los propósitos de año nuevo no suelen tratar de lo que *quieres,* sino de lo que *no quieres.* No constituyen una imagen del resultado final, sino más bien una reacción negativa, una forma de autoconversación negativa acerca de lo que no quieres, y éste es el motivo por el cual persisten muchos problemas mundiales, en los negocios y personales; porque las personas implicadas se centran en el problema y en lo que no quieren que ocurra, en vez de enfocarse en el resultado final o lo que quieren realmente.

Volvemos con el establecimiento de metas

El establecimiento de metas es el factor clave que determinará tu éxito o fracaso en las secciones hacer y tener de tu vida. ¿Acaso has hecho alguna vez un viaje de negocios sin tener al menos una ligera idea de adónde ibas? ¿Has jugado alguna vez al tenis sin saber dónde estaba la pista? ¿Has salido de casa para hacer tu compra semanal sin tener al menos alguna idea de dónde ibas a ir a comprar? ¿Te has tomado unas vacaciones alguna vez sin saber adónde querías ir? ¿No te parece extraño que nos marquemos metas para las vacaciones, para los deportes e incluso para las compras y que, sin embargo, rara vez nos marquemos metas para el viaje más importante de todos: nuestra propia vida?

Pero «¡Oh! –dirás tú–. No me quiero obligar a nada. Quiero ser espontáneo(a). Deseo ser libre para cambiar de opinión». Bien, probablemente nos equivocamos al pensar que la libertad significa evitar el compromiso. Tenemos miedo de que, si nos comprometemos, terminemos controlados de algún modo, así que evitamos asumir compromisos.

Decimos «Quiero ser libre». Pero observa que, evitando tú el compromiso y la responsabilidad, la gente que te rodea vive constreñida; no diremos que se sienta esclavizada, pero sí sumida en la confusión, sin saber a qué atenerse contigo en tanto no tomes una decisión.

En una relación así nadie va a salir ganando. La verdadera libertad se halla, precisamente, en la capacidad para tomar decisiones y asumir compromisos. La pregunta que tenemos que formularnos es: «¿Qué quiero realmente?».

Plantéatelo como si, en algún nivel, supieras muy bien lo que quieres. En algún momento tendrás que tomar una decisión. Pero ten en cuenta esto: si no decides tú, *alguien* lo hará *por* ti, y su decisión quizás no te guste.

Comienza por tomar decisiones

Quizás hayas oído decir que ninguna decisión es una decisión. Por detrás de toda indecisión está siempre el objetivo de tener razón. En tanto en cuanto no sepas lo que quieres, nunca te equivocarás, jamás cometerás un error y, por tanto, no te llevarás una decepción. Se nos ha programado desde la infancia para no cometer errores, y siendo indecisos podemos seguir siendo niños. En el momento en que nos decidimos a tomar las riendas de nuestra vida es cuando abandonamos el hogar familiar. En cuanto empezamos a tomar decisiones comenzamos a ir por nuestra cuenta.

Es más seguro no tomar decisiones, ser pasivo, infantil, y hacer lo que los demás hacen. Tomar una decisión siempre revela algo acerca de ti. Tomar una decisión le dice a los demás quién eres y, por tanto, es como divulgar un secreto. Si tu propósito en la vida es no revelar *quién eres,* entonces estarás siempre indeciso.

Otro motivo de la indecisión es el miedo a tener que renunciar a algo. Por ejemplo, si estás deseando tomarte unas vacaciones en Hawái, eso significa que tendrás que renunciar a ir a las Bahamas al mismo tiempo. Optar por una meta significa que quizás tengas que renunciar a otras. Si te decides por un camino, vas a tener que renunciar a otros senderos. Significa que no puedes serlo todo, hacerlo todo ni tenerlo todo al mismo tiempo. Significa que no puedes complacer a todo el mundo. Cuando tomas una decisión, corres el riesgo de contradecir los valores de otras personas, que pueden verte ahora tal como eres, no de la forma en que quieren que seas. Dicho de otro modo, que no les caigas bien. Así, no haciendo nada, puedes conservar el cariño y la aprobación de personas muy distintas y con valores contrapuestos, y tu indecisión te lleva a no tener que reconciliar situaciones que, posiblemente, no se pueden conciliar.

Todo en la vida es elegir

Todo en la vida es una cuestión de elección. Sólo hay dos cosas donde no podemos elegir, dos cosas que no podemos evitar por mucho que lo intentemos. La primera es que *tenemos que morir.* La muerte es una certeza absoluta. Y la segunda cosa en la que no tenemos elección es que *tenemos que vivir hasta que muramos.* Pero comprende esto: todo lo demás en tu vida, por mucho que pienses que tienes que hacerlo o que estás obligado(a) a hacerlo, es una elección tuya.

Tú y yo lo hacemos todo porque *elegimos* hacerlo. No podemos cambiar el hecho de que vamos a morir ni de que tenemos que vivir hasta que muramos, pero *sí que podemos cambiar otras cosas, porque todo lo demás es una opción, una elección.* Examina todas las áreas de tu vida y reconoce que todo lo que haces lo haces porque tú lo has *elegido,* no porque *tengas que* hacerlo. Recuerda: las dos únicas cosas en las que no tienes opciones son que tienes que morir y que tienes que vivir hasta que mueras. Punto.

Observa dónde te encuentras en tu vida justo en estos momentos. Te hallas allí donde tú has querido estar. Consciente o inconscientemente, tú lo has elegido. Para ir adonde quieres ir, primero tendrás que saber dónde te encuentras justo ahora. Muchas personas se mienten a sí mismas en lo relativo a dónde se encuentran, y niegan su situación vital, pero es del todo esencial que reconozcas dónde estás antes de comenzar a moverte.

¿Está funcionando tu vida de la manera que deseas? ¿Te encuentras allí donde te gustaría estar? ¿Tienes las cosas que te gustaría tener? Si la respuesta a cualquiera de estas preguntas es «no», entonces fíjate en las recompensas que te proporciona el hecho de estar donde te encuentras ahora. ¿Qué obtienes negándote? ¿Qué consigues siendo infeliz? ¿Qué obtienes sintiéndote incómodo(a) y con la sensación de no estar donde debes? ¿Qué obtienes pensando en tus carencias y limitaciones?

Convendrá que no olvides que todo lo que haces en la vida, sea positivo o negativo, está relacionado con algún tipo de recompensa; es decir, sacas algo con ello; de modo que determina cuál es esa recompensa. Observar es el primer paso para cambiar algo. Cuando observas, estás dando el primer paso hacia la libertad; y, mientras observas, comienzas a ver tus propios patrones de pensamiento.

Tienes que ser veraz a la hora de determinar dónde te encuentras para poder ponerte en marcha. Si estás sumido en el dolor, admítelo. Si algo no funciona, admítelo. Éste es el principio fundamental de Alcohólicos Anónimos, que lo primero de todo es reconocer que eres un alcohólico(a), pues, de lo contrario, no vas a poder recuperarte del alcoholismo. De modo que mira a ver dónde te encuentras justo en este momento, y luego decide adónde quieres ir. Abre tu mente a nuevas posibilidades.

¿Qué quieres de verdad?

Recuerda, en el nivel del Ser, dispones de un poder total y puedes crear cualquier cosa que quieras. Piensa en lo que te motiva. ¿Cuándo fue la última vez que te sentiste motivado(a)? ¿Cuándo fue la última vez que sentiste entusiasmo con algo? ¿Y podrías recordar otra media docena de veces antes de esa? Si puedes responder a estas preguntas, ya dispones de pistas suficientes acerca de lo que quieres. Si tu respuesta es que casi nunca te has sentido motivado(a), entonces es que estás viviendo en la negación.

Cuando eres libre de elegir, ¿en qué empleas tu tiempo? ¿Hay algún tipo de actividad que te interese? Sea cual sea el motivo que puedas darte para hacerlo, dispones de una buena pista para saber qué es lo que de verdad quieres hacer. Por otra parte, si en tu tiempo libre no haces otra cosa que dormir, soñar despierto(a) o ver la televisión, ésa es una buena señal de que no te has permitido vivir lo que realmente quieres.

Si se te relevara de toda consideración práctica, incluyendo consideraciones económicas, y si todo tipo de posibilidades estuvieran abiertas para ti, ¿qué es lo primero que harías? ¿Qué sería lo siguiente que harías? ¿Y qué harías con tu vida si esto ocurriera? Esta pregunta puede ser muy divertida porque te hace consciente de tus fantasías. ¿Es posible que tengas una fantasía recurrente, que vuelve una y otra vez a tu cabeza? Échale un vistazo a esas fantasías y elige alguna. Siempre estarás a tiempo de cambiarla si, de pronto, deja de resultarte atractiva. Sólo te vas a comprometer con esa fantasía durante el tiempo que quieras comprometerte, de modo que elige. Comienza a crear lo que quieres en tu mente. Ten en mente, primero, la experiencia total. Siéntela, sé eso e imagínalo ocurriendo justo de la manera que quieres que ocurra.

Cómo desarrollar un plan de acción

Establecerse metas no es otra cosa que hacer elecciones. Establecerse metas es saber adónde quieres ir. Dicho de otra manera, si no sabes adónde quieres ir, es posible que termines en cualquier otra parte. Si no alcanzamos lo que somos capaces de alcanzar es porque nuestras metas no están claramente definidas. Escribir tu propio guion significa desarrollar un plan definido, diseñado para implementar la acción. Tu éxito vendrá determinado en gran medida por tu plan de acción.

Escribir tu propio guion es algo que debería de hacerse literalmente; es decir, que deberías tener esos planes por escrito. El acto cinético de escribir se imprimirá aún más en tu subconsciente. Por otra parte, el plan, por escrito, te dará el coraje para seguir adelante y te ayudará a superar obstáculos, distracciones e interrupciones. Te servirá también como un bastón en tu progreso. Serás más consciente de lo lejos que has llegado y de cuánto te queda aún por recorrer.

En multitud de estudios psicológicos se ha demostrado que la motivación está en su punto álgido cuando la persona dispone de algún modo de medir el logro. Escribir cristalizará el pensamiento, y éste motivará la acción. Reforzará tu compromiso con el logro de lo que quieres y te recordará cuáles son tus objetivos. Y cada vez que revises lo que escribiste te acordarás de lo que quieres y por qué. Te resultará muy gratificante hacer esto. Por otra parte, ahorrarás tiempo y energía, porque en todo momento podrás saber dónde has estado, dónde estás y adónde te diriges. Y cuando aparezcan obstáculos en tu camino, el plan escrito te ayudará a reevaluarlo todo y a volver al sendero.

Identifica los beneficios

Freud decía que las metas causan a veces frustración y ansiedad, y afirmaba que estaba en contra de establecerse metas concretas. Victor Frankel, por otra parte, afirmaba que no podemos vivir sin metas porque el ser humano está orientado a metas por naturaleza. En lo que a mí concierne, *ambos* tenían razón. El mayor error que la gente puede cometer es apuntar demasiado alto o aceptar demasiado en demasiado poco tiempo. Pero yo no digo que no puedas tenerlo todo. Sólo sugiero que, si vas a ser campeón(ona) de tenis, convendrá que aprendas primero a sostener la raqueta y a sacar por encima y más allá de la red.

Las metas no son promesas, sino compromisos. No son deseos, sino visiones. No esperamos a que nuestros sueños nos encuentren; los encontramos nosotros a ellos. Las metas no comienzan en el cerebro, sino en el corazón.

No nos vamos a comprometer al cien por cien con nuestra meta hasta que tengamos claros los beneficios. Probablemente éste sea el paso más importante y significativo a la hora de establecer metas.

Si tienes un empleo o mantienes una relación con alguien, o si estás esforzándote mucho en tu vida y no estás seguro de los *beneficios* que obtendrás con ello, te va a resultar difícil mantener el entusiasmo, la persistencia y la dedicación necesarios. Si no estás seguro de los beneficios va a ser difícil que te consagres a algo.

Establecer metas te ayudará en concreto a identificar los beneficios que obtendrás con tus esfuerzos. No vas a ser capaz de mantener un alto grado de compromiso en dirección al logro a menos que tengas del todo claros los beneficios. A medida que avances en el establecimiento de metas y comiences a gestionar proyectos más complejos, convendrá que entiendas bien *por qué* quieres alcanzar esa meta específica. La psicología nos enseña que sólo existen dos razones para que cualquier ser humano haga algo. Una de ellas es por obtener placer (beneficio) y la otra es por evitar una pérdida. Si tienes claros los beneficios, estarás dispuesto a pagar el precio.

La diferencia fundamental entre las personas que alcanzan sus sueños y las que no es el *deseo.* Las recompensas estimulan el deseo, de modo que dedica tiempo a determinar beneficios y recompensas.

Una meta se puede definir como algo que tiene una recompensa inherente al logro, incorporada en el logro. *Si tu meta no tiene una recompensa inherente, no tienes una meta.* Si tu plan por escrito no delimita con claridad los beneficios y las recompensas que llegarán con la consecución de la meta, te vas a perder el ingrediente más importante: *una motivación para la acción. Sin recompensa, no hay acción.* Puedes resolver cualquier problema en la vida diciendo lo que quieres, el resultado final en concreto.

Cómo abordar los obstáculos

En cuanto digas lo que quieres, lo primero que va a ocurrir es que vas a tener la sensación de que no se puede hacer. «No sé cómo hacerlo. No sé cómo va a funcionar. Me siento impotente. ¿Quién me va a ayudar? ¿De dónde voy a sacar el dinero? ¿Y qué pasará si no funciona? ¿Qué ocurrirá si fracaso?». Esto es tu mente subconsciente intentando protegerte de una pérdida imaginaria.

En cuanto digas que quieres hacer algo, te va a venir a la cabeza todo lo que podría ir mal con el fin de que lo valores y desistas. Todos tus miedos y dudas emergerán a la superficie. Pero podrás superar esta retroalimentación negativa si centras tu pensamiento en lo que quieres que ocurra, en la meta, en vez de en lo que no quieres que ocurra, los obstáculos. Recuerda que el logro de cualquier empresa se determina en el nivel del Ser con anterioridad al verdadero inicio del esfuerzo. En otras palabras, tú crees que el objetivo está en tu mano antes de dar el primer paso.

No se puede mantener la imagen mental de una meta si no se corresponde con las creencias. Sé realista en lo relativo a los posibles obstáculos e impedimentos. Pregúntate: «¿Qué circunstancias o condiciones pueden impedirme alcanzar esta meta?». La respuesta que des a esta pregunta te dará una idea de lo que tendrás que superar para obtener lo que quieres. Algunos de los obstáculos y los impedimentos pueden ser sencillos, mientras que otros serán más complejos.

Muchas personas no hacen esto porque piensan que no es bueno centrarse en los obstáculos y los inconvenientes, pero conviene que comprendas que no vas a poder llegar adonde vas a menos que sepas quién o qué se interpone en tu camino, de manera que toma nota y haz una lista lo más completa posible. Algunos de los obstáculos se resolverán por sí solos, sin tu intervención. No obstante, el mayor error que se puede cometer al establecer metas es el de restar importancia a inconvenientes y obstáculos, los cuales deberían reconocerse antes de iniciar el camino hacia la meta. Quizás no seas consciente de todos ellos, pero cuanto más preparado(a) estés, más fácil te resultará manejarlos.

Cuando termines con esto, lo normal será que te sientas un tanto desanimado(a), y quizás pierdas, en parte, el entusiasmo que tenías. Es posible que centres tus pensamientos en los esfuerzos que vas a tener que hacer para superar tantos problemas. Si así fuera, olvídate de esto por un buen rato y céntrate en los *beneficios,* hasta que sientas que éstos superan con creces los obstáculos que puedas encontrar a lo largo del sendero.

Da el primer paso hacia el éxito

Has de saber que lo que quieres es más importante para ti que cualquier obstáculo que tengas que superar a lo largo del camino. Ten en cuenta que siempre tienes la opción de detenerte o la de continuar adelante con tu plan. Puedes cambiar de opinión en cuanto tú lo decidas; pero, de momento, lo importante es ¡PONERSE EN MARCHA!

No te obsesiones con la meta última. Simplemente, concéntrate en el siguiente paso. Da un paso tras otro. La mayoría de las personas se sienten abrumadas ante la magnitud de la tarea, ante una meta final tan lejana, y se rinden. Utiliza la meta final como punto de referencia, pero concéntrate en los sucesivos pasos. La regla de un paso tras otro es muy importante para alcanzar metas. Hasta las metas más grandes se obtienen dando un paso tras otro.

En cuanto seas consciente de los obstáculos, te darás cuenta de que la consciencia recorrerá por sí sola un largo trecho para encontrar la solución, porque el conocimiento es poder. Las soluciones y el coste que supone superar los obstáculos te resultarán bastante obvios. Para cada obstáculo hay una solución, y ésta siempre está a tu disposición, porque las respuestas están en nuestro interior.

No hace falta que mires hacia fuera en busca de respuestas. Si de verdad crees esto, se te dirigirá hacia la persona adecuada, el lugar adecuado, el libro adecuado o la situación adecuada que te ayude a superar tus obstáculos.

Desarrolla esta convicción: «Siempre sé lo que necesito saber». Tú sabes qué hacer, y sabes cómo hacerlo, porque tu Yo Superior o sistema de orientación interno te guiará a cada paso en el camino. Todo cuanto tienes que hacer es mantenerte abierto(a), sensible y receptivo(a) a las respuestas. Con ello, dejarás de ver los obstáculos como limitaciones, porque sabrás que *quien tú eres* es más grande que cualquier obstáculo. Cuando combines por escrito las cosas que quieres, los beneficios, los obstáculos y las soluciones, tendrás una tremenda sensación de poder y excitación. También te permitirá ver que la mayor parte de tus limitaciones te las has impuesto tú mismo(a).

Por qué va a funcionar

La mayoría de las personas no implementan bien el establecimiento de metas porque no sopesan los beneficios, las recompensas, los obstáculos, las soluciones y los costes. Si tú te comprometes a trabajar todos estos pasos no perderás el camino. No te sentirás abrumado(a) por la dimensión de los detalles que son necesarios para alcanzar tu meta. Aprenderás a centrar tu atención en los pasos específicos que, uno detrás de otro, te permitirán alcanzar el objetivo.

Un factor decisivo en el buen uso de las metas es la retroalimentación positiva. Sin ella, dejarás de utilizar las metas, de modo que mantén siempre una lista de aquellas que deseas alcanzar, incluyendo los obstáculos que hayas superado a lo largo del camino. Cómprate una libreta de notas para este propósito y recurre a ella con frecuencia. A medida que vayas alcanzando tus metas, ve archivando las notas escritas en tu libreta de notas y revísalas periódicamente. Sigue añadiendo a tu lista las metas que vayas alcanzando, y cada vez que examines esta lista verás cómo aumenta tu confianza en que eres capaz de obtener lo que quieras a través del proceso que acabamos de detallar.

A nivel superficial, puede dar la impresión de que todo esto supone una gran cantidad de trabajo y esfuerzo extras. Sin embargo, te aseguro que supone mucho *más* trabajo y esfuerzo pasar por la vida sin tener todas aquellas cosas que deseas. No te dejes engañar por la simplicidad de este proceso y no subestimes el poder que hay tras él. Si lo hicieras estarías saboteando tu propio potencial. Escribir tu guion y seguirlo a través de la acción es un hábito que agradecerás durante el resto de tu vida.

Capítulo 6

Programa tu mente para lo mejor

Aprende a programar tu mente y encontrarás la clave de tu vida. Muchas de las ideas que tenemos acerca de cómo funciona la vida son totalmente erróneas. De hecho, la mayor parte de nuestras creencias nunca se ha puesto a prueba en el mundo real. Sin embargo, basamos toda nuestra existencia en la premisa de que lo que creemos es cierto.

Con el transcurso de los años hemos estado recopilando información a través de la percepción acerca de lo que es la vida. El problema al que nos enfrentamos es que la información que hemos reunido no siempre es verdadera. No es más que nuestra propia *versión* de la verdad.

Todo cuanto vemos y escuchamos pasa por el filtro de nuestro sistema de creencias. Nos decimos lo que pensamos que estamos viendo o escuchando, y es esto lo que se registra en la memoria: nuestra versión de la realidad. Conscientemente, todos sabemos diferenciar entre lo que está sucediendo y lo que *imaginamos* que está ocurriendo, pero el subconsciente no distingue si eso es imaginación nuestra o experiencia real. La clave aquí estriba en que, mientras de manera consciente conocemos la diferencia, de un modo subconsciente sólo creemos lo que la mente consciente acepta como real. Si esto es cierto y hemos construido nuestras opiniones, creencias y expectativas sobre intensas experiencias imaginarias, no existe motivo alguno para pensar que no podamos hacer cambios en nuestro comportamiento a través del mismo proceso.

Creencias: viables e inviables

Toda la información que hemos recibido se almacena en el subconsciente. Esa información se convierte en opinión o creencia, para posteriormente transformarse en parte de nuestra imagen personal. Es la verdad, al menos la verdad que conocemos en ese momento, y eso se convierte en nuestra percepción dominante de la realidad.

Conviene comprobar una y otra vez las propias creencias para ver si son viables o inviables. Dicho de otro modo, ¿nos apoyan para que vayamos adonde queremos ir? ¿Y contribuyen o restan a nuestra felicidad y satisfacción?

Si no son viables, tenemos que reprogramar una nueva serie de creencias con las que nuestro subconsciente pueda trabajar. Conviene que nos tomemos el tiempo que haga falta para hacer esa necesaria reprogramación. No tenemos elección en cuanto a si vamos a ser programados, pues siempre estamos siendo programados. Nuestra única elección es ésta: ¿quién va a hacer la programación? ¿La vamos a hacer *nosotros* o vamos a dejar que la hagan *otros?*

La cuestión es que no existe nadie más en el mundo que quiera para ti lo que tú quieres para ti. De ahí que sea de la máxima importancia que no permitas que los demás, por bienintencionados que sean, te hagan esa programación.

La fuerza más poderosa del mundo

Tu subconsciente te va a llevar a hacer realidad cualquier cosa que tú creas que es cierta para ti. La creencia es la piedra angular de los grandes logros desde que el mundo es mundo, y conviene que no olvidemos que ella es la dueña y señora, y que nosotros nos convertimos en esclavos en tanto en cuanto es la creencia la que dicta nuestro comportamiento.

Pero podemos cambiar nuestra creencia, y lo excitante de todo esto es que, si la cambiamos, que es la causa, también modificaremos nuestra experiencia de la realidad, que es el efecto o resultado final. Siempre disponemos de la opción de elegir lo que queremos creer. No tenemos por qué quedarnos atascados una y otra vez en creencias viejas e inviables.

Se puede decir sin temor a equivocarse que la creencia es la fuerza más poderosa del mundo. La creencia es lo que permitió a Helen Keller superar los increíbles obstáculos a los que se enfrentaba siendo ciega y sorda. La creencia es la que permitió a Einstein seguir adelante hasta que descubrió la teoría de la relatividad. Pero la creencia también permite que haya personas que se sumerjan en el crimen, que inicien guerras o se suiciden. Esto quiere decir que la creencia nos puede ayudar, pero también nos puede destruir. Lo que tenemos que hacer es reprogramarnos y crear un entorno en el que nuestras creencias nos faciliten la consecución de aquello que queremos. Las herramientas que vamos a utilizar para esto son afirmaciones positivas para la autoconversación y visualizaciones.

Afirmaciones y visualizaciones

El objetivo de la autoconversación positiva es, simplemente, envolvernos con pensamientos que den sustento a una acción o experiencia específicas. Suele ocurrir que las afirmaciones positivas de la autoconversación no tengan relevancia para la situación actual, aunque se basen en cómo queremos que sean las cosas.

La visualización o imaginación hace referencia a la capacidad que tiene la mente para verlo todo en imágenes. En esencia, es un pensamiento que se mantiene el tiempo suficiente como para que se envuelva en una imagen mental y emocional consciente. A la visualización se la denomina también a veces «imaginación aplicada», y es una de las herramientas más importantes que podemos utilizar para cambiar la realidad.

Ya vimos que los pensamientos se convierten en realidad si creemos que tales pensamientos son verdaderos. Tenemos miles de pensamientos cada día, pero los que verdaderamente tienen un impacto en nosotros son los que van ligados a *emociones.* La visualización es el proceso por el cual se toma un pensamiento y se mantiene en la mente el tiempo suficiente como para que la imagen mental evoque una *respuesta emocional.* Ten en cuenta que pensamiento más emoción dan lugar a convicción, y ésta crea la realidad.

Las afirmaciones son ideas y pensamientos de calidad. La calidad de nuestros pensamientos se refleja en la calidad de nuestra vida. De ahí que si elevamos la calidad de nuestros pensamientos, mejoremos en consecuencia la calidad de nuestra vida.

De qué modo operan la autoconversación y la imaginación positivas

Las afirmaciones de la autoconversación positiva son sugestiones autoinducidas. A comienzos del siglo xx, Emile Coue utilizaba la sugestión autoinducida con mucho éxito en su clínica francesa. Coue les enseñaba a sus pacientes a repetir esta afirmación: «Cada día, en todos los aspectos, me voy sintiendo mejor y mejor», y funcionaba debido a la repetición constante.

La autoconversación positiva funciona a partir de la teoría de la sublimación o desplazamiento. Si tienes un vaso de agua sucia y lo pones bajo el grifo el tiempo suficiente, el agua sucia será desplazada, ocupando su lugar agua limpia. Y si reemplazas pensamientos inviables por pensamientos positivos viables ocurrirá lo mismo. No hace falta liberarse de las creencias limitadoras que albergamos en el subconsciente. Es más importante cerciorarse de que los pensamientos dominantes que ocupan nuestra mente nos faciliten la consecución de lo que queremos en vez de lo que no queremos.

En el lenguaje de programación existe un término llamado GIGO, que es el acrónimo del inglés «garbage in – garbage out» (entra basura – sale basura). Lo que significa es que, si introduces en el ordenador datos erróneos y luego le haces una pregunta, no puedes esperar otra cosa que una respuesta equivocada. Ahora bien, ¿cuál es el eslabón más débil en cualquier ordenador o computadora? Evidentemente, el programador es el eslabón más débil.

Si la percepción de la realidad del programador es incorrecta, sus entradas serán incorrectas. Esto significa que los datos que se le suministren al ordenador serán incorrectos y, por tanto, la retroalimentación del aparato, cuando se le pida resolver un problema, será asimismo incorrecta. Del mismo modo, si tu programador personal, que es tu mente consciente, introduce datos erróneos, que son los pensamientos ilógicos o erróneos, el tratamiento de los datos no podrá ser otra cosa que incorrecto.

Los pensamientos opuestos son mutuamente excluyentes, lo cual significa que no puedes mantener dos pensamientos opuestos al mismo tiempo. No puedes pensar «Puedo» y «No puedo» al mismo tiempo en relación con la misma cosa, de ahí que sea tan importante programar bien tus pensamientos dominantes. Emerson decía: «Nos convertimos en aquello que pensamos a lo largo del día», y es bien cierto. Tú y yo somos la evidencia andante y hablante de nuestras creencias.

Como ya hemos comentado, la autoconversación positiva es una de las herramientas más eficaces para la programación del subconsciente. La autoconversación positiva se conoce también como afirmación. Afirmación significa, literalmente, validar o confirmar. Así, si reincidimos una y otra vez con el mismo pensamiento, lo que hacemos es validarlo o confirmarlo como verdad. Lo que estamos haciendo es reafirmar nuestra creencia mediante un registro en la estructura neuronal del cerebro, que se procesa a través de la mente subconsciente. Una vez que el subconsciente acepta una creencia, ésta se convierte en una idea a la que le ha llegado el tiempo de transformarse en realidad.

El uso de afirmaciones a diario es una de las cosas más fáciles que se puede hacer para cambiar la propia existencia, pero la mayoría de las personas no saben cómo utilizar las afirmaciones de forma adecuada. Aquí, en el Capítulo 7, se indicará un método fácil para grabar tus afirmaciones, pero lo único que tienes que saber por el momento es que es fácil de hacer.

Para conseguir los mejores resultados posibles, conviene combinar la autoconversación y las afirmaciones con la imaginación. Podría decirse que todo pensamiento es una imagen en la mente. Si yo digo perro, tú ves un perro con el ojo de la mente. Si pronuncio una palabra abstracta, como coraje, tendrás que calentarte la cabeza hasta que reduzcas la abstracción a una imagen mental de lo que coraje significa para ti.

Probablemente habrás dicho alguna vez, mientras hablabas con alguien «Soy incapaz de hacerme una imagen». Si te sientes confuso(a) y no comprendes lo que alguien está intentando decirte, no vas a poder hacerte una imagen. La imaginación o visualización es el proceso a través del cual uno mantiene un pensamiento en mente hasta que se genera una imagen mental. A esto se lo conoce como imaginación aplicada. La diferencia entre la afirmación y la imaginación es que la primera es un pensamiento consciente en el cual decides pensar, mientras que la imaginación va un paso más allá, pues toma ese mismo pensamiento y se detiene en él hasta que genera una emoción y una creencia.

Imaginar o visualizar no es lo mismo que soñar despierto. La imaginación es un proceso consciente constituido por actitudes y creencias predeterminadas, que se utilizan para alcanzar determinado resultado final o meta. El propósito de la visualización es desarrollar la confianza necesaria para emprender la acción.

Por su parte, soñar despierto es, por lo general, un alejamiento de la realidad, y no está constituido por pensamientos conscientes predeterminados que den sustento a actitudes o creencias. La imaginación funciona porque el cerebro y el sistema nervioso, trabajando en equipo, forman un mecanismo de respuesta ante el estímulo, que reacciona de manera automática ante problemas y contratiempos. La visualización genera registros en la memoria y desarrolla creencias y actitudes sin la necesidad de que el acontecimiento verdadero tenga lugar, y nos permite registrar en la mente subconsciente los datos que deseamos que creen nuestra versión de la realidad.

Recuerda, lo que creemos que es verdadero sólo lo es para nosotros. Esto es posible debido a que el subconsciente no puede diferenciar entre la experiencia real y otra experiencia vivida en la imaginación. Si imaginamos algo con intensidad, el subconsciente lo acepta como si en realidad estuviera ocurriendo. Y en cuanto el subconsciente acepta lo que estamos imaginando, todo lo que experimentemos después de eso guardará relación con la creencia o imagen recién formada.

Afirmación + Imaginación + Emoción = Éxito

La clave de una imaginación eficaz es poner tanta emoción en la imagen como sea posible. Por eso sugiero que alimentes un profundo deseo interior, que te entusiasmes y que no dejes de visualizar el resultado final, una y otra vez. Tus actuales creencias se formaron con el trabajo conjunto de pensamiento y sentimiento, de modo que, si pones la suficiente emoción en tus nuevos pensamientos, éstos cancelarán de manera automática los viejos por mera dominancia. Los nuevos pensamientos programados a través de la repetición, en conjunción con la imaginación, se convertirán en pensamientos dominantes. Los pensamientos y las creencias dominantes son los que controlan tu comportamiento, y todos hemos demostrado en uno u otro momento de nuestra vida que esto funciona así.

Por ejemplo, cuando estás preocupado(a) por algo, te imaginas intensamente ese resultado futuro negativo. Lo reproduces una y otra vez. No haces ningún esfuerzo ni recurres a tu fuerza de voluntad, sino que tan sólo conversas contigo mismo(a) en tu interior y te imaginas el resultado final. Sea lo que sea que te imaginas aún no ha sucedido, pero tú sigues dándole forma a la imagen de ese acontecimiento sucediendo.

El hecho de que tú hayas aceptado que el resultado negativo es posible, y que hayas estado reproduciendo la imagen una y otra vez y pensando en ello como un hecho consumado hace que la imagen parezca cada vez más real. Tras un período de tiempo, generas automáticamente las emociones que dan forma a la imagen y comienzas a vivir el miedo, la ansiedad, el desánimo, la tensión y la depresión. ¡Y toda esta agitación se ha creado a partir de una experiencia imaginada!

Conviene repetir que *la preocupación no proporciona ningún beneficio conocido ni puede cambiar lo que ocurrirá mañana; sin embargo, puede debilitar tu fe, paralizarte, arrebatarte la paz interior y hacer que te sientas impotente.*

Obtienes aquello que esperas

Cualquier cosa que esperas que ocurra viene determinada por los pensamientos en los que te regodeas y por la intensidad de las emociones que evocan esos pensamientos. Conviene repetir que el subconsciente no cuestiona la validez de los datos que le presentamos. Simplemente los procesa y atrae hacia nosotros lo que creemos que es verdad.

Si utilizamos la imaginación para cambiar patrones de hábitos, tenemos que vernos actuando y reaccionando de la forma que queremos ser en el futuro. No importa cómo nos comportemos hoy o cómo nos comportamos ayer. En cuanto el subconsciente capta el nuevo pensamiento, la mente-cerebro, actuando en conjunción a través del sistema nervioso central, se hará cargo de todo y asumiremos de manera automática los nuevos patrones de comportamiento. La clave estriba en ser capaz de imaginar el resultado final con tanta intensidad que parezca real.

Ahora ya sabemos que la mente subconsciente funciona en términos de metas o resultados finales. En cuanto el subconsciente ha aceptado una idea, puedes confiar plenamente en que te va a llevar a esa meta. Si le suministras el resultado final, el subconsciente te facilitará «cómo hacerlo». Te mostrará el modo de alcanzar el resultado final.

Piensa en el resultado final en términos de posibilidades presentes. Lo tienes que ver con tanta claridad que parezca real para tu cerebro y tu sistema nervioso. El objetivo último de afirmaciones y visualizaciones es evocar el sentimiento de que el objetivo ya ha sido totalmente alcanzado.

Siente como si la meta ya hubiera sido alcanzada y tu imaginación te llevará hacia el resultado final que deseas. Imagina todo eso con tanto detalle como sea posible, y no dejes de recurrir al proceso imaginativo, una y otra vez, para alcanzar el mismo objetivo. Al principio, no te preocupes de si le estás poniendo suficientes detalles, pues cada vez que visualices le irás incorporando más y más detalles.

Ponte siempre en la imagen. Has de verte involucrado(a) en las actividades de tu meta. *Si no te pones a ti mismo(a) en el cuadro, es posible que no estés en el resultado final.* Por ejemplo, supón que quieres un automóvil nuevo; pongamos un BMW. Tú visualizas el vehículo y le infundes emoción, detalle y repetición a tu imaginación; y luego, de pronto, un BMW nuevo aparece en tu vida. Pero no como esperabas. Miras por la ventana de tu casa y ves que tu vecino se ha comprado un BMW nuevo. Ahora hay un BMW en tu vida, ¡pero no eres tú quien lo conduce! Así pues, asegúrate de identificarte con la meta.

Todas las personas que han alcanzado el éxito comenzaron con una imagen en su mente, visualizaron y afirmaron lo que querían ser, hacer y tener, y luego dieron instrucciones a su subconsciente a base de claridad y repetición.

Forzar el cambio es contraproducente

En cuanto cambio la imagen, el trabajo pasa al subconsciente creativo, que es el que tiene que convertir la imagen en realidad. Con el fin de preservar la cordura, el trabajo del subconsciente estriba en hacerme actuar como la persona que yo veo en mi imaginación. De manera coherente, no puedo actuar de otra manera. Por tanto, la clave estriba en cambiar la forma de verme a mí mismo(a).

Antes, cometíamos el error de esforzarnos por ser diferentes a la imagen que teníamos de nosotros(a)s mismo(a)s. Pero ese esfuerzo no hace otra cosa que generar ansiedad y evitar el cambio. La imagen personal controla el desempeño y nos lleva, de un modo automático y sin esfuerzo, a conducirnos de la forma en la que nos vemos.

Si nos forzamos a perder peso, a no fumar o a hacer cualquier cambio en nuestra vida sin cambiar primero la imagen, tendremos que presionarnos para realizar el cambio. En la medida en que *nos centremos conscientemente en el cambio que deseamos,* avanzaremos, pero en cuanto *nos olvidemos de ejercer presión consciente,* regresaremos a nuestros viejos hábitos, porque vamos a actuar siempre del modo en que nos vemos. Si nos obligamos a cambiar, el sistema nervioso se ve sometido a un tremendo estrés, a una gran tensión, porque nos estamos obligando a ser diferentes de lo que nos muestra nuestra imagen personal subconsciente.

Así, en cuanto relajamos la presión, volvemos a la imagen dominante o mecanismo de control. El uso de afirmaciones y visualizaciones reprograma la imagen. Si lo hacemos así, no necesitaremos obligarnos a cambiar.

También conviene que, mientras te visualizas como la nueva persona que quieres ser, simplemente te sigas comportando como siempre. No te obligues a ser como la nueva persona. No te esfuerces por ser lo que afirmas o imaginas. Tan sólo relájate y sé tú mismo(a). Recuerda, estamos alterando el sistema de orientación automático del subconsciente. No nos preocupa cuál es nuestro comportamiento o desempeño actual. Si cambiamos la imagen, el cambio de comportamiento o desempeño vendrá por sí solo, automáticamente. Tan sólo sigue comportándote a diario como tu viejo yo.

Si estás utilizando afirmaciones e imaginación, el nuevo tú se irá gestando poco a poco, no tardarás mucho en convertirte de una forma automática en la persona que quieres ser. Convendrá decirlo una vez más: *no intentes cambiar tu desempeño o comportamiento. Cambia primero la imagen.* El mayor error que comete la mayoría de la gente es intentar adelantarse a la imagen.

Hay personas que tienen problemas para conseguir una imagen clara en su mente. Hay personas a quienes les resulta más fácil escuchar o sentir que ver con la imaginación, y de ahí que no obtengan una imagen clara. Éstas son personas «no-visionarias». Si eres una persona no-visionaria, es muy probable que tengas potenciado el sentido subjetivo de las sensaciones. Si éste es tu caso, simplemente concéntrate en las sensaciones en lugar de en las imágenes.

Hay veces en que no conseguimos generar una buena imagen porque no estamos suficientemente relajados. En la sección titulada «Relajarse», en el Capítulo 9, ofreceré una técnica de relajación que hará a tu subconsciente más receptivo a tus afirmaciones e imaginación.

Convendrá también que eches un vistazo a aquellas áreas de tu vida que estás evitando o con las que tienes dificultades. Así pues, visualízate a ti mismo(a) en la situación que estás evitando o con la que tienes problemas, comportándote del modo en que sería más apropiado para ti. Visualiza el nivel de habilidad, las características y las cualidades que quieres expresar. Pronto actuarás y te comportarás como esa imagen. En cuanto esta imagen enganche en tu subconsciente, ya no tendrás que hacer más afirmaciones ni visualizaciones. Tan sólo tendrás que dejarte llevar y ser tú. Lo que habrás hecho es controlar y decidir conscientemente qué aspecto ha de tener el nuevo «tú».

Por ejemplo, si decides convertirte en una persona que no fuma, imagínate en una situación en la que por lo general tendrías un cigarrillo en la mano. Imagínate sin nada en la mano. Si la imagen es suficientemente clara, será como si no tuvieras un cigarrillo en esa ocasión. Regístralo en el subconsciente y siente la satisfacción del logro. Esto generará una impresión en la mente subconsciente. Para tu subconsciente, habrás sido por una vez una persona no fumadora, pues, ciertamente, no estabas fumando. Si repites esa imagen una y otra vez, y otra vez, se verificará el cambio de fumador a no fumador con facilidad y sin esfuerzo. Mientras tanto, si quieres fumarte un cigarrillo, ¡adelante, fúmate uno! Si no quieres fumarte un cigarrillo, no te lo fumes. En cuanto la imagen cambie, renunciaras a él sin ningún estrés, sin ningún esfuerzo.

Si eres tímido(a) y quieres cambiar ese rasgo, imagínate con tus mejores amigo(a)s, pero esta vez proyéctate en una situación nueva con la que no estés familiarizado(a), quizás en un sitio atestado de gente o en una fiesta. Imagínate confiado(a) en ti mismo(a) y relajado(a) mientras estás con tus amigo(a)s. Siente la sensación de logro. Repite esa escena una y otra vez, y tu subconsciente pensará que te has comportado así multitud de veces. Y cuando te encuentres en la situación real, serás como eres. ¿Que cómo eres? Eres de la forma en que te has imaginado que eres.

Identifícate con la nueva imagen

La imagen subconsciente de la realidad no cambia con cualquier tipo de imaginación. Si así fuera, lo único que tendrías que hacer es ver la televisión y tu imagen subconsciente cambiaría. El único tipo de imaginación que alterará la imagen de la realidad que guardas en el subconsciente es la imaginación *experiencial*. Tenemos que identificarnos con claridad con lo que imaginamos.

Si yo imagino a otra persona hacer algo, lo que le digo a mi subconsciente es «Así es como lo hacen otros. Yo no lo hago así. Son ellos los que lo hacen así». Es decir, tengo que experimentarlo personalmente en mi mente. Tengo que verme a mí mismo, no a otra persona, logrando el resultado final. Si no puedes verte a ti mismo siendo, haciendo o teniendo eso, no vas a conseguirlo.

Todo cambio permanente y duradero va de dentro hacia fuera. Cualquier otro cambio es temporal. Tú has estado utilizando afirmaciones e imaginación toda tu vida. Lo que quieres hacer a partir de ahora es controlar el proceso, de tal modo que trabaje *para* ti, en lugar de *contra* ti. A este proceso en el cual se utilizan afirmaciones e imaginación se lo denomina impresión. Ahora ya sabes lo suficiente de afirmaciones e imaginación como para aprender las técnicas de impresión.

Capítulo 7

Técnicas para la impresión

El hecho de decidir cambiar un hábito, una actitud o una situación personal no conlleva de manera automática el cambio deseado. La decisión de hacer el cambio no es más que el primer paso.

Ahora ya sabes que la meta es la imagen mental de lo que quieres; que, cuando plasmas por escrito esa meta, se convierte en intención; y que al proceso de programación del subconsciente para convertir en realidad tu intención se lo denomina «impresión».

La impresión es el control deliberado de nuestros pensamientos e imágenes relativos al tipo de cambios que queremos hacer. La impresión tiene lugar cuando la mente subconsciente acepta la nueva imagen del resultado final. La impresión es un proceso que se desarrolla en tres pasos:

1. Afirmas tu meta con una «declaración de intenciones».
2. Imaginas el resultado final.
3. Sientes la emoción que trae consigo la consecución de la meta.

Vamos a hablar de cada uno de estos tres pasos para que quede completamente claro el procedimiento.

Paso 1. Afirma tu meta con una «declaración de intenciones»

Una «declaración de intenciones» es, simplemente, una declaración de hecho o creencia, plasmados por escrito de forma personal, positiva y en tiempo presente, como si la meta fuera ya una realidad.

Cuando utilizas una «declaración de intenciones» estás diciendo: «Esto es lo que elijo ser, hacer o tener». Es la declaración de un deseo específico.

Paso 2. Imagina el resultado final

Imagina y experimenta en tu mente la consecución del resultado final. Imagínate activamente implicado en la consecución. A esto se lo denomina «visualización sintética» o «realidad virtual», y funciona a partir de la teoría de la sublimación o desplazamiento. Lo que haces es desplazar el viejo cuadro y la vieja imagen personal por otros nuevos. Recuerda: nos movemos hacia el objetivo que imaginamos.

Paso 3. Siente la emoción que trae consigo la consecución de la meta

El subconsciente responde más a sentimientos que a palabras, pero no responde mejor a sentimientos positivos que negativos. Simplemente, responde a los sentimientos. Cuanta más emoción o sentimiento podamos poner detrás de una idea, más rápido se manifestará, de tal modo que sentimiento y emoción son muy importantes por su impacto. Se puede decir que la intención se manifestará en proporción directa a la frecuencia con la que nos impliquemos imaginaria y emocionalmente. Lo que vas a tener que hacer es verte alcanzando el resultado final mientras sientes la alegría y la satisfacción de la consecución.

Estos tres pasos son necesarios para conseguir una impresión. Si te limitas a leer o decir en voz alta tus intenciones, la tasa de éxito que puedes esperar es del 10 %. Si lees o dices en voz alta tus intenciones y visualizas el resultado final, puedes aspirar a una tasa de éxito del 55 %. Por último, si lees o dices en voz alta tus intenciones, imaginas el resultado final y sientes la emoción inherente a la consecución de lo que estás imaginando, la tasa de éxito será del 100 %.

El poder de las intenciones

En el Capítulo 6 hablábamos ya, aunque brevemente, de las afirmaciones. Pues bien, las intenciones son parecidas a las afirmaciones, pero tienen un mayor enfoque debido a que están diseñadas para alcanzar un resultado concreto.

¿Por qué son tan poderosas las intenciones? En otras palabras, porque la repetición persistente de una intención (idea), sobre todo cuando va acompañada de una emoción, condiciona la mente de tal modo que se ven las cosas de una forma diferente. Y dado que los pensamientos consistentes se convierten en realidad, las intenciones son la clave para transformar esa realidad.

¿Funcionan de verdad las declaraciones de intenciones?

Quizás seas una de esas personas que piensan que las declaraciones de intenciones no funcionan. O puede que seas una de esas personas que cree que, en teoría, las declaraciones de intenciones son una buena idea, pero que, por desgracia, no cumplen con lo prometido.

Muchas personas prueban con las declaraciones de intenciones, pero no tardan mucho en abandonarlas. Con frecuencia hay gente que me dice: «¡Estoy cansado de hacer declaraciones de intenciones y no funcionan!». Sin embargo, lo cierto es que *sí* funcionan. Son muy fiables y atraen a la vida de la persona aquello que se afirma.

Si tú no has tenido éxito en el uso de las declaraciones de intenciones, he aquí por qué *parece* que no funcionan. Esto es importante, de modo que, por favor, presta atención. Las declaraciones de intenciones *parece* que son ineficaces porque al proceso de la intención le falta una pieza que ha pasado desapercibida, una pieza que tiene que ver con lo que se afirma *realmente.*

El problema no es la intención. Si escuchamos nuestra propia autoconversación, descubriremos la prueba concreta de que las declaraciones de intenciones funcionan. La autoconversación, al igual que las conversaciones cotidianas, contienen declaraciones de intenciones en lo relativo a las creencias y actitudes existentes. *Estas declaraciones de intenciones nos han llevado adonde nos encontramos justo en este momento.* Pueden habernos permitido crear lo que deseamos o pueden habernos impedido conseguir lo que queremos.

Para controlar de verdad el potencial de las declaraciones de intenciones, tenemos que asegurarnos de que las declaraciones de intenciones *verdaderas* o *reales* que están teniendo efecto son las que realmente queremos. Ahí se halla nuestro mayor reto.

Por desgracia, la mayoría de la gente no alcanza el éxito que desea con las declaraciones de intenciones. ¿Por qué? Porque, cuando declara su intención, ¡se está mintiendo a sí misma! No lo hacen de manera intencionada, pero no por ello dejan de mentirse. La intención que están afirmando no es su «verdadera» intención.

Lo que está ocurriendo en realidad es que su declaración de intenciones está en conflicto con lo que de verdad cree, de modo que, cuando declara su intención, por lo general emerge otra intención contrapuesta sutil, pero poderosa, que se adjunta como una etiqueta al final. A estas intenciones competidoras las llamo yo «nega-tiquetas».

Por ejemplo, si dices «Quiero perder peso», es probable que emerjan una o más nega-tiquetas al final de tu declaración de intención, que podrían ser algo así como…

Si pierdo peso, los demás esperarán que lo mantenga.
Si pierdo peso, los hombres me abordarán en busca de sexo.
Si pierdo peso, tendré que renunciar a mis comidas favoritas.
Si pierdo peso, tendré que gastarme un montón de dinero en ropa nueva.

La lista de nega-tiquetas es interminable. No se dicen ni se articulan, claro está, pero son reflexiones sutiles (y poderosas) de los *obstáculos que te vas a encontrar para conseguir lo que quieres.*

Cómo afrontar las nega-tiquetas

Las nega-tiquetas se pueden superar con el tiempo si eres persistente; y en cuanto la intención quede verdaderamente establecida va a ser difícil de mover de ahí. Se convierte en parte permanente del subconsciente hasta que tú decidas eliminarla.

Estas nega-tiquetas, o intenciones negativas, están arraigadas en el subconsciente y son consistentes con aquellos pensamientos que constituyen tu realidad cotidiana. Lo que estás viviendo en tu vida justo en este momento es un reflejo de las declaraciones de intenciones que tu mente cree que son ciertas en estos momentos.

Los pensamientos y las creencias existentes no se eliminan con facilidad con una nueva intención, pero lo bueno es que, en cuanto el viejo pensamiento es reemplazado por una intención o pensamiento consistente nuevo, éste va a ser tan obstinado como el antiguo, la nega-tiqueta a la cual reemplazó. Volver adonde te encontrabas no sería coherente con el nuevo pensamiento residente.

Si prestamos atención a nuestra autoconversación, escucharemos nuestros «límites» y nuestras nega-tiquetas. Todas ellas son intenciones que nos mantienen justo donde estamos actualmente, por lo que, como puedes ver, las intenciones son poderosas. Las estamos utilizando a cada instante, y dan forma a nuestra vida desde el momento en que se convierten en pensamientos consistentes.

Apostaría a que, justo en este momento, estás consultando tus actuales creencias para ver si estás de acuerdo o no con lo que acabas de leer. Apuesto a que, mientras leías esto, estabas diciendo: «Estoy de acuerdo contigo, pero sigo pensando que las declaraciones de intenciones no funcionan conmigo». Si es así, estás afirmando que no van a funcionar contigo, lo cual, evidentemente, será verdad para ti.

Éste es el motivo por el cual las declaraciones de intenciones son muy fiables, quizás más que cualquier otra herramienta. La clave para que funcionen es asegurarse de que la intención que tú realmente quieres es la *verdadera* intención. Lo que ocurre es que, cuando hacemos una declaración que es contraria a lo que sabemos que es verdad, la creencia arraigada se va a pronunciar diciendo: «Eso no es cierto. ¿Qué es lo que te crees? ¿Estás de broma?». Eso es una nega-tiqueta.

Por lo general, cuando hacemos una declaración de intenciones, hay algo en nuestro interior que no pierde de vista en ningún momento el hecho de que lo que estamos diciendo no es en realidad cierto y, cuando esto ocurre, es fácil negar el efecto de la intención en su totalidad.

Con el fin de contrarrestar esto, conviene establecer la declaración de intenciones de tal modo que no genere resistencias (nega-tiquetas) desde el subconsciente.

La forma más eficaz de hacerlo es incluir la frase «Es mi intención» en tu declaración afirmativa. Pongamos algunos ejemplos y verás cómo funciona.

Pronuncia estas palabras en voz alta para ti mismo(a):

«Gano 100.000 dólares al año».

Y *ahora* di:

«Es mi intención ganar 100.000 dólares al año de forma fácil y consistente».

¿Parecen diferentes estas dos afirmaciones?

Aquí hay otra. Di en voz alta para ti mismo(a):

«Tengo más clientes potenciales de los que puedo manejar».

Y *ahora* di:

«Es mi intención tener más clientes potenciales de los que puedo manejar».

¿Te afectan de manera diferente estas dos declaraciones?

Observándolas con atención, ¿cuáles de ellas te resultan más creíbles?

¿Cuáles de ellas generan un sentimiento de contradicción? ¿Cuáles te parecen más armoniosas o veraces cuando las pronuncias?

¿Cuáles de estas declaraciones invocan el mensaje de «¿Estás de broma?»? Lo más probable es que sean las primeras declaraciones, ¿no?

En general, si le añades la frase «Es mi intención» resulta más convincente y, por tanto, es más fácil de aceptar y creer. También elimina la nega-tiqueta y de ahí que tenga un efecto mucho más potente y expeditivo.

Ahora, sólo por asegurarnos de que has comprendido bien la diferencia, pongamos otro ejemplo.

Pronuncia esta intención para ti mismo(a):

«Tengo un automóvil nuevo de marca».

Si resulta que acabas de comprarte un vehículo nuevo de marca, cambia simplemente esta declaración por alguna otra cosa que no tengas. La idea aquí es que la declaración se haga sobre algo que te gustaría, pero que no tienes en este momento.

Ahora, observa la sensación que te genera pronunciar esta declaración, aunque, de momento, *no* tengas un automóvil nuevo de marca o cualquier otra cosa que hayas afirmado pero que no tengas aún.

Ahora pronuncia para ti mismo(a):

«Yo intento tener un automóvil nuevo de marca».

¿Cuál de las dos declaraciones es más creíble para ti? ¿Cuál de ellas saca a la luz la nega-tiqueta de tu subconsciente que dice: «Ya está bien de bromas»?

Cuando pronuncias la primera declaración es más probable que tengas alguna reserva en el fondo de tu consciencia. Alguna parte de ti parece contestar a esa declaración con frases como: «No hay manera de que me pueda permitir un automóvil nuevo de marca» u «*¡Ojalá fuera cierto!*».

Por otra parte, si le añades la frase «Yo intento» al principio de la declaración, observa que puedes pronunciarla con más convicción, porque es creíble «intentar» tener un automóvil nuevo de marca. El hecho de pronunciar esta declaración no fuerza tu imaginación, porque no estás diciendo que tengas ese automóvil nuevo de marca *ya.* Simplemente estás diciendo que vas a alcanzar ese estado deseable haciendo una elección personal.

Dicho de otro modo, la inclusión de «Es mi intención» en tu declaración de intenciones puede suponer una gran diferencia a la hora de aceptarla.

El resultado final es que dispones de una estrategia de condicionamiento mental positiva que no genera resistencias en tu subconsciente. Esta estrategia se ha demostrado muy eficaz con todos los clientes con los que he trabajado en mi *coaching* de desempeño personal.

Cómo crear una potente declaración de intenciones de acción rápida

Los siguientes pasos están diseñados para crear potentes intenciones de acción rápida. Estos pasos son decisivos porque construyen bloques que aseguran el éxito en los resultados. Echémosles un vistazo y veamos de qué modo pueden ayudarte a cambiar y mejorar tu vida.

1. Tu declaración de intenciones debe hacerse en tiempo presente

El motivo por el que la declaración de intenciones debe hacerse en tiempo presente es porque para la mente subconsciente no existe el pasado ni el futuro. Incluso si algo ha sucedido en el pasado y lo reproduces mentalmente, *para el subconsciente está sucediendo de nuevo* en el presente. Ésta es la razón de por qué es imperativo que no sigas reproduciendo tus viejas grabaciones mentales una y otra vez, pues cada vez que lo haces, tu subconsciente cree que está viviendo la misma experiencia de nuevo. Para hacer tu declaración de intenciones en tiempo presente, no utilices las palabras o frases «algún día», «pronto» o «mañana». Debes convertir en hábito la sensación de que sea lo que sea que estés afirmando e imaginando *está teniendo lugar ahora* dentro de tu consciencia.

Las ideas adoptan forma. Esto significa que, si tú aceptas una idea en tiempo presente, esa idea tomará forma o se manifestará con rapidez debido a que estás aceptándola en tiempo presente. Conviene señalar aquí que tu capacidad para aceptar lo que estás afirmando e imaginando determinará cuánto tiempo le va a llevar manifestarse el resultado final. Todo opera sobre nuestro nivel de aceptación. Al mantener tus intenciones en tiempo presente lo estarás aceptando en tiempo presente y tu subconsciente actuará sobre esa idea de inmediato.

2. Tu declaración de intenciones debe afirmar lo que QUIERES, no lo que NO quieres

Las intenciones deben resaltar la *ganancia* de algo, no la *pérdida* de algo. No describas aquello de lo que te estés intentando alejar o desees eliminar de tu vida. Más bien, afirma aquello *hacia* lo cual te diriges. La clave estriba en mantener tus intenciones y visualizaciones sobre aquello a lo cual intentas llegar, y no sobre lo que estás dejando atrás o intentas evitar.

Sé por experiencia que muchas personas utilizan las INTENCIONES INVERTIDAS. Es decir, en vez de afirmar lo que quieren, afirman lo que no quieren.

Tu declaración de intenciones debe ser algo que quieres, no algo que piensas que «deberías» querer.

Por ejemplo, si tu madre te dijo que «Deberías de ser médico», ¿esto es un «deberías» o un «quiero»? A menos que tú quieras ser médico, esto no es más que un «deberías».

La mejor manera de reconocer si tu declaración de intenciones es un «deberías» en lugar de un «quiero» es si pierdes el entusiasmo por hacer tu declaración de intenciones. Si es así, probablemente estés afirmando un «deberías» en lugar de un «quiero».

El problema es que la mayoría de las personas no saben lo que quieren, de modo que, en vez de formular un resultado positivo, formulan un resultado negativo.

Cuando les pregunto a mis clientes de *coaching* «¿Tú qué quieres?», siempre me sorprendo con el forcejeo que viene a continuación, pues les cuesta mucho emitir una respuesta que afirme con claridad lo que desean.

En el mejor de los casos, estas personas normalmente plantean sólo alguna mejora de su situación actual o una mejora en algo que no quieren, y hacen todo esto estableciendo comparaciones.

Por lo general utilizan palabras tales como «más», «mejor», etc. Por ejemplo:

«Quiero sentirme *mejor*».
«Quiero tener *más* confianza en mí mismo(a)».
«Quiero tener *más* dinero».

Aunque esto siempre será mejor que afirmar lo negativo, el inconveniente estriba en que siempre llama la atención de manera indirecta sobre una situación negativa que no desean. En otras palabras, lleva la atención hacia cosas que se supone que su intención es «mejor» que o «más» que. Pero esto mantiene en su mente el posible resultado negativo y lleva al traste por completo el propósito de hacer la declaración de intenciones en primer lugar.

Permíteme que ponga un ejemplo.

Cuando le pregunto a un cliente qué es lo que no quiere, me doy cuenta de que no me puede decir con demasiado detalle qué es aquello de lo que quiere liberarse en su existencia. Normalmente dice cosas como:

«Quiero que mi novio deje de gastarse tanto dinero con sus amigos».

O bien:

«Sé que no quiero un empleo en el que tenga que viajar tan lejos».

El motivo es que estas personas suelen tener una imagen muy clara en mente de lo que no les gusta o no quieren, y casi ninguna o, en el mejor de los casos, una vaga imagen de lo que realmente les gustaría o quieren. Dicho de otro modo, su intensa preocupación es, normalmente, el problema, lo que está *equivocado* en su vida.

Por desgracia, esto es un completo error a la hora de crear una intención efectiva. Si mantienes una imagen negativa en mente acerca de lo que *no quieres* o de las cosas que *no te gustan* de tu situación actual, estarás reforzando esa situación negativa en tu memoria, y el resultado final será que seguirás viviéndolo una y otra vez.

Si puedes imaginarte un resultado positivo que acabe con tu problema, entonces existe una alta probabilidad de que atraigas ese resultado a tu vida, de modo que, si te centras en lo que quieres en vez de en lo que no quieres, ése será el resultado probable.

¿Por qué es tan importante esto?

Porque la mente subconsciente es como un ordenador y, como debes saber, un ordenador piensa de manera literal. Cuando introduces información en un ordenador con el fin de encontrar respuesta a un problema en particular, tienes que ser muy preciso(a) en el modo en que planteas la pregunta. Pues bien, la mente subconsciente y el cerebro funcionan de la misma manera.

Como todos los ordenadores, el subconsciente es literal en la interpretación que hace de las entradas que le llegan. Su desempeño y su resultado final dependerán de la precisión de las órdenes que reciba, pues, si no comprende la orden, no va a saber lo que tiene que hacer.

Así pues, si tu intención es «hacerlo mejor en la universidad» o cualquier otra declaración comparativa, tu mente-ordenador no va a comprender nada. Para ella, «hacerlo mejor» puede significar cualquier cosa. Podría significar hacerlo muchísimo mejor o sólo un poquito mejor.

El problema es que el subconsciente no sabe si «hacerlo mejor en la universidad» significa conseguir una matrícula, un sobresaliente o un notable alto. Para él, un notable alto ya es mejor si has conseguido un notable.

De modo que, si tu declaración de intenciones es ambigua, el resultado será asimismo ambiguo.

3. Tu declaración de intenciones tiene que ser específica

Como ya has visto, tienes que decir exactamente lo que quieres, y tu declaración no puede contener comparaciones vagas como «más» o «mejor». Tienes que afirmar exactamente lo que quieres.

Por ejemplo:

«Es mi intención ganar (50.000 dólares) este año». No digas:

«Quiero ganar más dinero este año que el pasado».

La primera declaración es específica y la otra es vaga. Si le dices una vaguedad, el subconsciente no va a saber lo que tiene que hacer. Si ganas 40.000 dólares al año y dices, simplemente, «Quiero ganar más dinero este año que el pasado», tu subconsciente no va a saber lo que significa «más», de modo que podría interpretarlo como sólo un poco más, y puedes encontrarte con que ese año ganas 50.001 dólares.

Por otra parte, es mejor no utilizar palabras como «prosperidad» o «abundancia». Tu subconsciente no comprende esas palabras porque no son específicas. Escribe *la cantidad exacta de dinero que quieres crear.* En el ejemplo superior hemos utilizado una cantidad concreta.

«Es mi intención ganar (50.000 dólares) este año». No escribas:

«Es mi intención tener mayor abundancia y prosperidad económica».

Es importante que afirmes sólo tanto como puedas imaginarte aceptando. No sobrestimes ni subestimes. Ten una imagen clara del resultado final que deseas experimentar; algo que puedas aceptar sin ansiedad ni estrés. Todo funciona sobre nuestro nivel de aceptación.

Si quieres perder peso, escribe el peso exacto que deseas tener.

«Es mi intención pesar 68 kilos para (fecha)».

Si quieres desempeñarte mejor como madre, no afirmes:

«Es mi intención ser una buena madre».

No vas a poder crear una buena imagen de eso en tu mente. Más bien, di:

«Es mi intención dedicar diez minutos al día a cada uno de mis hijos para que fomenten la confianza en sí mismos».

O bien:

«Es mi intención dedicar diez minutos al día con cada una de mis hijas para que se sientan queridas y aceptadas».

O bien:

«Es mi intención disciplinar a cada uno de mis hijos con justicia, firmeza y coherencia».

Decir «Soy un buen jugador de tenis» no va a funcionar. Afirma los detalles concretos del tenis que deseas mejorar: tu swing, tu acompañamiento del golpe, tu servicio, etc.

Desglosa las características y los niveles de habilidad que necesitas para realizar una tarea específica. Descompón cada técnica o paso. Es como ir a una agencia de viajes y pedir un billete. Tienes que saber exactamente adónde quieres ir. Una definición clara es esencial, y esto significa, simplemente, ser específico(a).

4. Tu declaración de intenciones debe utilizar palabras que evoquen sentimientos y emociones

Utiliza palabras que evoquen sentimientos y emociones. Tu subconsciente responde ante ellas, por lo que es esencial que recurras a palabras que creen este tipo de respuestas en tu subconsciente. Uno de los sentimientos más productivos es el entusiasmo, la excitación. Así pues, pon tanto entusiasmo como puedas en tu declaración de intenciones.

Determinadas palabras pueden evocar emociones en unas personas que no evocan en otras. Cada una tiene que encontrar las palabras que despierten la emoción adecuada para ella. Es decir, has de plasmar por escrito tu declaración de intenciones de tal modo que te genere en ti entusiasmo, felicidad, alegría e incluso diversión, pues cualquier palabra o frase que despierte en ti una potente emoción impactará profundamente en tu subconsciente. La norma general es: cuanta más emoción, más rápido será el cambio.

Tu declaración debe tener alguna razón de peso, alguna razón que te provoque entusiasmo. ¿Por qué? Porque una declaración afirmativa pero sin vida es como un anuncio de televisión aburrido, no le vas a prestar atención, y casi no va a tener impacto en ti.

Si estas intentando vender un producto o un servicio, una de las primeras cosas que vas a tener que conseguir en un anuncio es la ATENCIÓN del potencial cliente. Si lo piensas bien, tu intención es como un anuncio de televisión en el que tienes que ganar TU atención. Lo que estás intentando es «venderte» la idea de que eso es algo que realmente deseas. En otras palabras, has de querer «comprar» y desear de verdad lo que estás intentando crear, y el fraseo de tu declaración de intenciones tiene que facilitarte esto.

Por todo ello, sugiero que recurras a frases y palabras atractivas y que te llamen la atención. Selecciona con cuidado los adjetivos y los superlativos con el fin de incrementar el entusiasmo y la energía en tu declaración de intenciones, pues actuarán como un imán a la hora de atraer hacia ti el resultado que buscas.

Utiliza palabras que creen movimiento en tu imaginación, para que te mantengan en movimiento hacia tu meta, confiado y con aplomo.

Lo que intento decir es que tienes que hacer que tu declaración de intenciones sea tan excitante y agradable como te resulte posible. De hecho, tan excitante y tan agradable que quieras pronunciarla una y otra vez.

He aquí un ejemplo de lo que quiero decir:

«Es mi intención que me resulte fácil y divertido…».

Si incluyes el adjetivo «fácil», esto hace que las cosas sean literalmente más fáciles para ti. Si algo parece difícil va a generar resistencia en tu mente subconsciente, pero si parece FÁCIL, estarás más relajado(a) ante la idea de hacerlo, y los resultados llegarán mucho más rápido.

El adjetivo «fácil» se puede aplicar a casi todo lo que hagas en la vida. Yo lo utilizó con frecuencia con mis clientes y conmigo mismo, y tiene un profundo efecto en el resultado.

Hace que las cosas sucedan con mayor rapidez y de manera más cómoda.

Otra palabra que me gusta emplear es «divertido», como en:

«Es mi intención que hacer ejercicio todos los días me resulte divertido».

O bien:

«Es mi intención que pensar en nuevas ideas para mi negocio me resulte divertido».

Todos queremos divertirnos, y queremos repetir todo aquello que percibimos como divertido.

También puedes añadir cualquiera de los siguientes adjetivos para darle más atractivo a tus intenciones:

«Cómodo»

«Seguro»

«Satisfactorio»

«Rápido»

«Agradable»

«Ingenioso...» etc.

Si utilizas estas palabras u otras por el estilo que supongan el mismo SENTIMIENTO, te darás cuenta de que atraerás de forma irresistible nuevas maneras de alcanzar la meta deseada (lo que *quieres*).

Recuerda, tú eres el(la) director(a) y productor(a) de tu película, de modo que puedes hacerlo del modo que desees.

5. Tu declaración de intenciones debería centrarse en el mejor resultado posible

Intenta inventarte el mejor resultado posible que puedas imaginar. Supongamos que quieres un apartamento nuevo. Si dices sólo un apartamento «nuevo», puede que termines con un apartamento pequeño, lóbrego y ruidoso, muy mal iluminado y ventilado.

Tu declaración de intenciones funcionó porque tu apartamento es «nuevo» para ti, pero quizás no resulte cómodo vivir en él. Una declaración de intenciones mucho más efectiva podría ser:

«Es mi intención vivir en un apartamento soleado, espacioso, tranquilo y bien cuidado».

Esta declaración de intenciones atraerá un resultado mucho mejor.

6. Tu declaración de intenciones tiene que ser una declaración positiva

Como ya se ha dicho, la literalidad de tu mente-ordenador hace de las palabras o frases negativas algo a evitar en la medida de lo posible. Haremos bien en ser lo más positivos que se pueda a la hora de crear las declaraciones u órdenes para la mente subconsciente.

Por tanto, convendrá que evites el uso de palabras negativas tales como:

«No»,

«Nunca»,

«Liberarme de», etc.

Ejemplo de una declaración de intenciones negativa:

«Es mi intención liberarme de este dolor de cabeza».

Ejemplo de una declaración de intenciones positiva:

«Es mi intención hacer lo que haga falta para sentirme en calma, relajado y sin dolor».

Es habitual que la gente haga elecciones negativas sin darse cuenta, de ahí que, cuando hagas una declaración de intenciones, debas asegurarte de comprobar que no haya ninguna palabra negativa como las mencionadas antes, pues puede significar la diferencia entre el éxito y el fracaso en el resultado final de lo que estás intentando crear.

7. Tu declaración de intenciones debe ser personal

Tu declaración de intenciones tiene que ser personal, pues uno sólo puede afirmar cosas por uno mismo, no podemos hacer afirmaciones por otra persona. Es imposible obtener resultados mediante la afirmación de cualidades o cambios en otras personas, o corrigiendo o alterando situaciones que están más allá de nuestro control.

Yo no puedo hacer afirmaciones por mis empleados, pero puedo afirmar un cambio en mí que produzca un cambio en ellos. Si tú, tu equipo, grupo, familia o personal de la empresa llegáis a un acuerdo para alcanzar una meta colectiva o conjunta, puedes comenzar tus intenciones hablando en plural, en lugar de hablar en singular, como «yo».

En este caso, yo sugeriría que afirmaras la meta de tu grupo a la par que tu parte individual de esa meta colectiva. Ambas serían deseables para tu éxito, pero hemos de tener en cuenta que no podemos declarar una intención por otra persona. Lo que sí que podemos hacer es cambiar nuestro comportamiento para, de ese modo, fomentar una respuesta positiva en nuestra pareja, nuestros clientes, nuestra familia y en las personas a las que dirigimos o la gente que nos rodea.

Estoy convencido de que a estas alturas ya debes comprender que todo cambio debe proceder de dentro hacia fuera. La vida es una experiencia de dentro hacia fuera. Quizás parezca muy egocéntrico, pero no podemos dar algo que en realidad no tenemos. Yo no puedo cambiarte a ti, pero sí que puedo transformar la manera en la cual yo respondo ante ti. A través de mi inspiración, quizás te motives para mejorar, pero mi cambio tiene que ser personal, en mí, no en ti.

Con frecuencia me encuentro con gente que hace declaraciones de intenciones diseñadas para que los demás se comporten de una forma diferente. Esto implicaría que disponemos del derecho de influir en el modo en que los demás se comportan con nosotros.

Por ejemplo, quizás quieran que otra persona (o personas) actúe de forma diferente con respecto a ellas, como en:

«Es mi intención que Chris me quiera».

«Es mi intención que mis clientes piensen que soy el mejor en lo que hago».

«Es mi intención que Tom me comprenda», etc.

O bien buscan vengarse o hacer que otra persona tenga algún resultado negativo, como en:

«Es mi intención que Jim sufra las consecuencias por lo que me ha hecho (o a hecho a otra persona)».

O al revés, cuando se desea algo bueno o curativo para otra persona, como en:

«Es mi intención que John se cure con rapidez de su enfermedad».

Superficialmente, la última intención puede parecer positiva y, aunque no es un «error» afirmar un resultado positivo para otra persona, puede, sin embargo, generar problemas. Si abordas esta situación desde una perspectiva «superior», tendrás que aceptar que quizás no sea una buena idea interferir en el desarrollo de la vida de otra persona. Quizás su vida se desarrolle de acuerdo con un «plan superior» del que quizás no seamos conscientes ni podamos imaginar.

Tanto si estás de acuerdo con esto como si no, convendrá que lo tengas en consideración. Lo cierto es que no tenemos acceso a lo que está ocurriendo «realmente» en el desarrollo de otra persona. Por tanto, no podemos afirmar CON EXACTITUD cómo debería ser ese desarrollo, ni siquiera aunque pensemos que es un resultado positivo.

Por otra parte, una declaración así niega por completo el propósito por el cual hacemos una declaración de intenciones, que es lo que NOS da poder para crear lo que NOSOTROS queremos en nuestra vida.

Si sientes que debes afirmar un resultado positivo para otra persona, hazlo de tal modo que no des por supuesto que sabes lo que es mejor para ella. Todo lo que tienes que hacer es añadir esta frase al final de tu declaración de intenciones: «Si esto es para su mayor bien». Recurriendo a esta opción, la intención para John (del que se dice arriba que está enfermo) podría ser:

«Es mi intención que John se cure con rapidez de su enfermedad, si esto es para su mayor bien».

De este modo te asegurarías de que no estás intentando decidir lo que es mejor para otra persona, pero al mismo tiempo estarías expresando tu deseo de que mejore.

El punto aquí es hacer que tu declaración de intenciones sea lo más útil posible, pero sin imponer tus propios valores.

Dicho esto, existen maneras en las cuales podemos hacer afirmaciones para otras personas sin interferir con lo que pueda ser mejor para ellas. Por ejemplo, la primera intención que se ha proporcionado antes se podría cambiar así:

«Es mi intención sentir que Chris me quiere de verdad».

Lo que haces ahora es elegir TU propia *reacción* ante Chris. Esto es algo sobre lo que tú sí que tienes control, y no supone interferir con la libertad de otra persona para que te haga a ti feliz.

He aquí otro ejemplo:

«Es mi intención que mi supervisor me aprecie».

Ésta no es una declaración aceptable, porque implica un cambio de comportamiento en tu supervisor. En otras palabras, tú no tienes derecho a cambiar el comportamiento de tu supervisor sin su consentimiento.

Sin embargo, sí puedes reenmarcar la declaración así:

«Es mi intención sentir que mi supervisor me aprecia».

Esto sí es algo sobre lo que TÚ tienes el control, y también hace que busques formas positivas a través de las cuales quizás tomes conciencia de que tu supervisor *ya* te apreciaba sin que tú te hubieras dado cuenta. Esto te permitirá centrarte en ese aspecto. Recuerda, sea lo que sea en lo que te centres, vas a crear más de eso.

He aquí algunos ejemplos en los que una persona intenta hacer daño a otra o busca algún tipo de venganza por una supuesta injusticia o agresión.

«Es mi intención que John pague o sea castigado de algún modo por lo que me ha hecho».

O bien:

«Es mi intención que John sea llevado ante la justicia por lo que ha hecho».

Por mucho que desees esto, ¡no tienes ningún derecho a hacer una declaración así! Por otra parte, con esto no vas a hacer otra cosa que *centrarte en el dolor o la injusticia padecida.* Sería preferible que lo reenmarcaras de tal modo que te ayudara a superar lo sucedido o liberarte de ello, y la única forma en que puedes hacerlo es a través de la percepción que tienes del acontecimiento. Una declaración de intenciones mucho más potente sería:

«Es mi intención saber que esta (injusticia o experiencia dolorosa) ya no me va a hacer daño».

O bien:

«Es mi intención liberarme de las consecuencias de esta (experiencia dolorosa)».

Si optas por estos enfoques, te liberarás de la obsesión por buscar venganza. Si lo piensas bien, el verdadero motivo de buscar venganza es porque *no podemos soltarnos de eso para restaurar el equilibrio en nuestra vida.*

Si soltamos el ansia de venganza, *el equilibrio se restaurará de forma automática.* Además, eliminaremos también el revanchismo y dejará de preocuparnos el resultado en la vida de esas personas.

En resumidas cuentas, no podemos cambiar los acontecimientos del pasado, por dolorosos que hayan sido, pero sí que podemos intentar cambiar cómo nos SENTIMOS con respecto a esos acontecimientos, y también podemos sanarnos.

8. Tu declaración de intenciones no debe hacer comparaciones

Ya se ha dicho que conviene establecer intenciones personales, pero también conviene que tengas claro que no estás compitiendo con nadie. Tú y yo estamos aquí para *crear,* no para competir. Competir no es más que una forma de probarte a ti mismo y apuntalar tu pobre imagen personal. Con la única persona con la que tienes que competir es contigo mismo, y ni siquiera en esto la competición es necesaria. Nuestra meta debería ser siempre esforzarnos por la *excelencia.*

Si intentas compararte con alguien que sientes que está por encima de ti, te sentirás siempre «menos que» alguna otra persona. Si te comparas con los que están por debajo de ti, tendrás una falsa sensación de superioridad, y vivirás con el temor de que esas personas terminen dándote alcance.

Nunca afirmes que eres tan bueno(a) como o mejor que cualquier otra persona. Cuando digo: «Soy el *mejor* vendedor de mi empresa», esto se me puede volver en mi contra. Quizás el personal de ventas de mi empresa no sea tan bueno, y entonces no haría falta mucho para ser mejor que el resto de mi empresa.

Por otra parte, siempre encontrarás a alguien que va a ser mejor que tú en algo, y siempre hallarás a alguien que no sea tan bueno como tú en alguna otra cosa. De ahí que toda comparación sea absurda y contraproducente.

A mí no me preocupa qué haces. Lo único que debe preocuparme es qué hago yo. Eso no significa que no observe tu desempeño, porque puedo aprender mucho de tus éxitos. Pero esto no es comparar. Lo único que digo es que me gusta esta o aquella característica o cualidad particular, y creo que eso puede beneficiarme. Una vez más, no hace falta comparar. Lo único que tengo que hacer es crear y esforzarme por alcanzar la excelencia.

9. Tu declaración de intenciones debe ser creíble

Es contraproducente afirmar algo que no puedes aceptar sobre ti mismo(a) en un nivel subconsciente. Si afirmas algo que no puedes aceptar, las exigencias que vas a imponerte en tu rendimiento van a ser poco realistas. Tienes que verlo en primera persona y en tiempo presente. Si no puedes verte haciendo eso, viviendo así, con ese aspecto o teniendo eso, no lo vas a hacer. Tienes que verlo de forma vivencial, en primera persona, en tiempo presente. De lo que se trata es de crear la vivencia en tu mente, sin ansiedad ni estrés, dado que el estrés y la ansiedad son contraproducentes a la hora de conseguir un alto rendimiento.

La clave aquí está en el equilibrio. No te establezcas metas que sean demasiado fáciles, porque entonces no vas a encontrar la suficiente motivación para esforzarte por ellas. Por otra parte, no te establezcas metas que no puedas imaginar o aceptar, porque te sentirás intimidado(a) ante tamaña empresa y ni siquiera llegarás a ponerte en marcha.

Decíamos antes que conviene descomponer las metas en pasos más pequeños y realistas; pasos que, realizados poco a poco, sucesivamente, nos permitan alcanzar la meta. Pero el factor de credibilidad es lo que hace que esto funcione. Tu intención debería ser creíble. Por «creíble» quiero decir *suficientemente grande como para ser excitante, pero suficientemente pequeña como para ser realista.*

Una manera de comprobar la credibilidad de tu intención consiste en realizar este «test de credibilidad».

Después de pronunciar tu intención, pregúntate, en una escala de 0 a 10 (siendo 10 lo más creíble): «¿Cómo evalúo la sensación que me proporciona esta intención?».

Si tu respuesta es 8 o está por debajo de 8, tendrás que examinar tus nega-tiquetas con el fin de borrarlas o reemplazarlas. Esto es muy importante para que la declaración de intenciones «funcione» o «prenda» en tu subconsciente. Reenmarca la declaración de intenciones de tal manera que pase el test de credibilidad.

10. Tus intenciones deben generar equilibrio

No se debe tomar a la ligera el poder de la intención. Cuando se utiliza correctamente, la intención te lleva, casi de manera obsesiva, a tu meta. Conviene elegir metas que sean positivas y beneficiosas. El equilibrio es la clave. Si tú simplemente haces afirmaciones acerca de tu negocio o tu profesión, se puede resentir la relación con tu pareja o con tu familia.

Planifica tus intenciones de tal modo que te desarrolles en TODAS las áreas de tu vida al mismo tiempo. Tú eres capaz de llevar a cabo muchas intenciones al mismo tiempo, siempre y cuando no entren en conflicto.

Para generar equilibrio, asegúrate de que no estás dejando fuera una parte de tu vida, o bien le estás dando demasiada o poca importancia. Esfuérzate por mantener el equilibrio como persona total, no por destacar exclusivamente en un área de tu vida. Una de las palabras más importantes que existen en cualquier idioma es «equilibrio». Si tienes equilibrio lo tienes todo.

No tienes por qué alcanzar una cosa y perder todas las demás. Puedes tenerlo todo, de modo que programa cada área de tu vida para generar equilibrio.

11. Tu declaración de intenciones debe adecuarse al principio de la discreción

El principio de la discreción sostiene que guardes tus metas para ti mismo(a). Si se lo cuentas a los demás, lo más probable es que o bien te desanimen o bien intenten detenerte. Mucha gente se puede sentir molesta cuando comienzas a crecer y a cambiar porque tu «vitalidad» les lleva a sentir su «falta de chispa» como más real. Si tú revelas tus metas e intenciones a los demás les estarás dando la oportunidad de oponerse a tu avance. Te dirán que es absurdo y que eso no funciona.

Y dado que tenemos tendencia a pensar que los demás son más inteligentes o más sabios que nosotros, debido a nuestra pobre imagen personal, terminaremos creyéndoles. Piensa en cuántas veces dejaste de hacer algo que querías hacer porque hiciste caso a alguien que te dijo que no lo hicieras. Piensa también en cuántas veces has lamentado no haber seguido tus propios impulsos. *Revela sólo tus intenciones a aquellas personas que convenga que lo sepan o que te puedan ayudar a alcanzar tu meta con mayor rapidez.*

Estamos hablando, sobre todo, de metas personales; pero sí que puedes compartir tus metas si son metas colectivas. Establecerse metas cooperativas es esencial en un grupo porque estáis compartiendo una meta común.

A muchos nos dijeron en algún momento que nos marcáramos una meta y que le dijéramos a todo el mundo lo que íbamos a hacer porque, de ese modo, nos avergonzaríamos si nos echábamos atrás. Pero yo no creo que este sistema sea útil, porque, si lo haces así, tu meta se convierte en un «tengo que», y si «tengo que» hacer algo me voy a resistir al cambio, aunque vaya en mi propio beneficio. Los «tengo que» generan presión, estrés, tensión y ansiedad. Si guardas tus intenciones para ti mismo(a), será menos probable que la gente intente detenerte o darte consejos.

Claro está que te dirán que te dan ese «consejo» por «tu propio bien». Pero no te lo creas. Sus consejos se basan en su actual nivel de consciencia, ¡no en el tuyo! El momento de hablarles de tu intención será *después* de que hayas alcanzado tu meta. En vez de decir «Esto es lo que voy a hacer», di «Esto es lo que he hecho». De este modo estarás libre para enfocar tus intenciones en el logro de tu objetivo.

12. La «póliza de seguros de declaración de intenciones»

Antes decíamos que establecer intenciones por otros es inapropiado porque no disponemos de modo alguno de saber qué es «lo mejor» para otra persona.

Pero también podríamos aplicar la misma norma a nuestras propias intenciones. En ocasiones, pensamos que sabemos bien qué es lo mejor para nosotros y estamos equivocados, y hay veces incluso en que nos podemos hacer más mal que bien. Ten en cuenta que las intenciones son poderosas y que van a introducir en nuestra vida cualquier cosa en la que nos concentremos a base de repeticiones y emoción.

¿Qué pasaría si la intención que estás afirmando no es buena para ti? Quizás haya algo más de deberías afirmar para que el resultado sea el más positivo posible para ti.

Con esto en mente, me gustaría que recurrieras a la «póliza de seguros de declaración de intenciones». Cuando declares una intención, me gustaría que añadieras lo siguiente:

«Acepto esto o ALGO MEJOR. Por favor, haz lo que haga falta para mi máximo bien y el de todos los implicados».

Esto le añade un «seguro» extra a lo que estás afirmando, o que ALGO MEJOR llegará a tu vida para satisfacer tus deseos. Por otra parte, aquello en lo que pones tu intención será en tu máximo interés y en el interés de todos los implicados. No te va a hacer daño y, con frecuencia, traerá un resultado positivo que nunca te habías planteado.

DECLARACIONES DE INTENCIONES DE MUESTRA

Ahora me gustaría compartir algunas declaraciones de intenciones que te pueden resultar útiles. Se trata de intenciones generales que te permitirán captar el punto de todo lo que se ha estado hablando aquí.

Es mi intención perdonar a todo el mundo.

Es mi intención ser totalmente responsable de mi vida y dejar de culpar a los demás.

Es mi intención amar mi cuerpo y tratarlo con todo respeto.

Es mi intención creer que hay un poder obrando a través de mí para manifestar el bien en mi vida.

Es mi intención permitirme cometer errores.

Es mi intención amarme incondicionalmente, con independencia de cuántos errores cometa.

Es mi intención creer que no soy lo que tengo y que no soy lo que hago.

Es mi intención distanciarme de lo que tengo y de lo que hago.

Es mi intención comprender y practicar la responsabilidad total.

Es mi intención creer que todas las personas con las que hablo son clientes potenciales de mi producto o servicio.

Es mi intención sentirme orgulloso de mí mismo y de la imagen de mi empresa en la sociedad.

Es mi intención sacar lo mejor de mis clientes.

Es mi intención descubrir de forma fácil y rápida las necesidades de mis clientes.

Es mi intención saber que soy competente en mi profesión.

Es mi intención disfrutar de mi vida, de mi profesión y de mis relaciones con los demás.

Es mi intención tener expectativas positivas sobre el resultado y superar obstáculos a diario.

Es mi intención comprender la diferencia entre un contratiempo y una derrota.

Es mi intención sentirme capaz de expresarme y saber que los demás me ven así también.

Es mi intención ser un imán para las ideas creativas. Las ideas creativas fluyen hacia mí.

Es mi intención estar vivo(a) todo el tiempo, y demostrarlo actuando con entusiasmo.

Es mi intención tener confianza en mí mismo(a).

Es mi intención estar abierto(a) a las inspiraciones de mi Yo Superior.

Es mi intención confiar en mí mismo(a) y decir y hacer lo más adecuado en cada momento.

Es mi intención descubrir maneras nuevas y positivas de jugar al juego de la vida.

Es mi intención responsabilizarme de mis sentimientos.

Es mi intención creer que yo creo mi propia experiencia.

Es mi intención planificar para mañana, pero vivir el presente.

Es mi intención resolver los problemas del pasado y desprenderme de la pesada carga que he llevado.

Es mi intención ser valiente y arriesgarme a ser yo.

Es mi intención ser amable y capaz.

Es mi intención ser más consciente acerca de mi vida de lo que haya sido nunca antes.

Es mi intención amar mi Fuente de poder.

Es mi intención desprenderme de viejas ideas y estar abierto(a) a nuevas maneras de hacer las cosas.

Es mi intención desprenderme de todo lo que no apoye mis metas.

Es mi intención liberarme de todo el mundo y que todo el mundo se libere de mí.

Es mi intención ser eficaz y eficiente en situaciones estresantes.

Es mi intención anticipar con facilidad acontecimientos en mi imaginación y saber cómo manejarlos cuando ocurran.

Es mi intención aceptar que la presión es excitante y estimulante para mí. Soy incluso más creativo(a) cuando estoy bajo presión.

Es mi intención tener una vida excitante y atraer a personas excitantes a mi alrededor.

Es mi intención disfrutar ayudando a los miembros de mi familia en su crecimiento personal.

Es mi intención tener una excelente memoria, con un recuerdo fácil y claro.

Es mi intención estar bien organizado(a) y tener siempre un plan de acción.

Es mi intención disfrutar asumiendo riesgos controlados para mejorar mi vida.

Es mi intención disfrutar de los resultados que lleguen tras la lectura de este libro.

La primera intención que quiero imprimir es ésta:

Es mi intención disfrutar haciendo regularmente mis declaraciones de intenciones.

Esto predispondrá tu mente para que disfrutes realizando las declaraciones de intenciones de forma regular. Esencialmente, convendría que comiences haciendo declaraciones de intenciones para imprimir el nuevo hábito de hacer declaraciones de intenciones.

Antes de que abandonemos el tema de la impresión de tus intenciones, permíteme que te haga una pregunta: ¿funciona la publicidad?

¡Por supuesto que funciona! Los publicistas gastan miles de millones de dólares en anuncios diseñados para llamar nuestra *atención* y hacernos *emprender la acción* (o sea, comprar sus productos).

Los publicistas saben que, si repiten algo una y otra vez añadiéndole una carga afectiva, emocional, van a captar nuestra atención. Literalmente, *nos condicionan para que pidamos determinado producto o servicio.*

Si los publicistas gastan miles de millones de dólares en anuncios para captar tu atención, ¿no puedes hacer tú lo mismo pero gratis? Ellos sólo captan tu atención por unos instantes, pero ¿cuántas veces al día puedes hacerlo tú?

¿Por qué no te haces «publicidad» a ti mismo(a)? Haz tu propio «anuncio». Determina las repeticiones y la carga emocional que le vas a imprimir. Puedes hacerte la impresión a ti mismo(a) con notable éxito, sólo que esta vez lo vas a hacer para determinar el resultado final o lo que quieres «venderte» a ti mismo(a).

La mayoría de las personas intenta cambiar un hábito o actitud, o bien generar un resultado, sin utilizar conscientemente el proceso de impresión, aunque este proceso haya sido el que nos ha hecho a todos tal como somos hoy en día. En el pasado, intentábamos cambiar nuestro rendimiento o nuestro resultado final antes de cambiar la intención. Pero ahora, a través de la técnica de impresión de la intención, puedes hacer los cambios precisos que deseas en tu vida de una manera fácil, relajada y controlada. ¡Inténtalo! Te prometo que vas a estar encantado(a) con los resultados.

Capítulo 8

Cómo satisfacer tus deseos económicos

Es mi intención que, mediante la lectura y la práctica de los principios que se ofrecen en este capítulo, puedas satisfacer tus deseos económicos. Estoy seguro de que habrás oído alguna vez el dicho de que «el rico se hace cada vez más rico y el pobre cada vez más pobre».

Visto superficialmente, esto no parece justo, hasta que comprendemos que *pensamientos consistentes generan resultados consistentes.* Los que son ricos están pensando una y otra vez en las riquezas. Las personas que viven en la pobreza están pensando constantemente en la pobreza, de tal modo que se convierte en una profecía autocumplida.

Si una persona no da muestras de riqueza en su vida es porque está utilizando la ley de atracción al revés.

No tiene nada que ver con la economía, la recesión, la inflación, las tasas de interés ni el empleo. Tampoco es que la energía de la fuente esté retenida. Es porque nos centramos en *lo que no queremos,* en vez de en lo que queremos.

Recuerda, atraemos más cantidad de aquello en lo que nos concentramos. Allá donde va la mente, allí fluye la energía. Si la consciencia se llena de creencias, suposiciones, pensamientos, ideas, conceptos y nociones que fomentan directamente la creencia en la escasez, la carencia, las limitaciones o la pobreza, la vida se convertirá en un reflejo de esos pensamientos.

Nosotros somos la causa, no el efecto

Lo cierto es que somos nosotros los creadores, o la causa, de nuestra situación económica. Somos los únicos responsables de tener o no tener suficiente. Antes de que puedas hacer un cambio, tendrás que aceptar esa responsabilidad. Si te sientes económicamente bloqueado es porque estás sirviendo a tus pensamientos negativos. Es como crear un monstruo. Si tú creas el monstruo, con el tiempo el monstruo se volverá contra ti. Si tú creas la carencia y las limitaciones en tu consciencia, con el tiempo te arrebatarán la capacidad para generar riqueza.

Tu vida está hecha a tu imagen y semejanza, de tal modo que eres, en esencia, un duplicador. Imagínatelo como si el universo fuera una inmensa fotocopiadora que estuviera duplicando una y otra vez tus pensamientos. Los errores no vienen de ningún defecto inherente por ser *quien eres;* vienen de tu ignorancia. Y dado que la ignorancia es el problema, será razonable pensar que lo que hay que hacer es vencer la ignorancia y reemplazarla por la verdad. Tienes que desprenderte de aquellas decisiones, creencias y bloqueos que te impiden alcanzar tu pleno potencial; en este caso, vivir la riqueza.

Los pensamientos acerca del dinero

Los pensamientos acerca del dinero dominan nuestra cultura, y pueden ser agradables o perturbadores. El dinero no puede hacerte feliz, pero puede liberarte de muchas cosas que te hacen infeliz. El dinero será siempre una parte importante de tu vida, te guste o no. El dinero determina, en la mayoría de los casos, la calidad de tu vida, porque el dinero te permite ser libre. Puedes sufrir las desdichas de los problemas económicos o puedes utilizar tu poder como creador(a) deliberado(a) para resolver estos problemas.

Demasiada gente se limita a sobrevivir o «ir pasando», viviendo al día y de nómina en nómina. La mayoría de los adultos consideran que los problemas económicos son su mayor causa de estrés, y la preocupación constante por el dinero no hace otra cosa que debilitarnos. Dado que los problemas económicos pueden arruinar tu salud, generar angustia en tus relaciones personales y en tu profesión y, con todo ello, arruinar tu felicidad, generar prosperidad económica y abundancia debería ser uno de los puntos más importantes en tu lista de intenciones.

Cualquier persona puede hacerse rica. Ser rico significa estar satisfecho con tu vida económica, no tener necesidades y sentirte libre de los agobiantes problemas económicos. Si los problemas económicos te están generando angustia a ti o a tu familia, ¡vas a tener que hacer algo YA!

Aclarar las creencias acerca de la riqueza

Conviene que aclares esas viejas ideas, creencias y conceptos que te impiden vivir la riqueza. Además de todo esto, tendrás que eliminar las creencias erróneas que puedas tener acerca de la riqueza, como: no hay suficiente para todos, el dinero y los empleos son escasos, la economía no es buena para los negocios, es difícil hacerse rico o la de que no nos merecemos ser ricos. Todas estas creencias no tienen nada que ver con hacerse rico. Tampoco convendrá que aceptes las creencias negativas que tienen los demás acerca de la riqueza. Tenemos que pensar por nosotros mismos y saber la verdad respecto a nuestra propia vida, con independencia de cuáles sean nuestras circunstancias actuales.

Afirmar la relación con el dinero

Después de aclarar tus pensamientos, tendrás que *afirmar lo que quieres creer acerca de tu relación con el dinero.* Lo que tienes que hacer es llenar tu consciencia con la verdad acerca de la riqueza, en vez de con las mentiras que has ido introduciendo ahí con los años. Esencialmente, tendrás que afirmar la verdad acerca de ti mismo(a). Puedes hacerlo utilizando afirmaciones como:

Elijo saber cómo ser rico.
Elijo merecer la riqueza.
Elijo que mis ingresos excedan mis gastos.

Elijo darme permiso para disfrutar del dinero.
Elijo liberarme de mi renuencia a ser rico.
Elijo aceptar que el dinero fluye en mi vida en estos momentos.
Elijo ser rico en consciencia y rico en dinero.

Diseña tus propias afirmaciones en relación con la riqueza y aplícalas a las áreas que necesites reforzar o cambiar.

Cómo crear riqueza a partir de la imaginación

Tú y yo estamos siempre creando a partir de nuestra imaginación pero, si no somos conscientes de ese proceso, lo que hacemos en realidad es crear a partir del pasado. Utilizamos el pasado para crear el presente y el futuro. Por tanto, utiliza tu imaginación y tu visualización para crear la vida que quieres.

No te quedes en lo mismo de siempre, pues, si lo haces, estarás construyendo tu futuro a partir de las limitaciones del pasado. La gente no confía en el universo porque no comprende cómo opera la ley de la mente; no se da cuenta de que el universo y todas sus leyes son totalmente fiables, incluida la ley de la mente.

El motivo por el cual la ley de la mente es fiable es porque opera con una precisión matemática. Cualquier cosa que creemos en la consciencia lo vamos a experimentar en la vida. Sé que debes de estar cansado(a) de oírme decir esto, pero es mi intención que estas ideas se conviertan en parte de tu pensamiento, sentimiento, acción y reacción a base de repetirlas.

Las leyes del universo siempre funcionan. No sabemos cómo lo hacen, del mismo modo que no siempre sabemos cómo operan las leyes que gobiernan nuestra existencia física. Sólo sabemos que lo hacen. No sabemos por qué el azul y el amarillo hacen el verde, pero sabemos que lo hacen. Y a medida que vayamos descubriendo estas leyes podremos utilizarlas con confianza o podremos ignorarlas.

El universo es impersonal, de modo que depende de nosotros cómo utilicemos la ley.

Tu vida es un duplicado de tu consciencia

Dijimos antes que creamos a partir de la imaginación. Creamos diciendo lo que queremos y sabemos que es correcto para tenerlo. Sabemos que lo que queremos no se le quita a nadie. Y, al revés, que lo que otra persona tiene no nos lo ha quitado a nosotros.

Las personas que saben que son creadoras deliberadas no viven con miedo. Comprenden y cooperan con las leyes del universo. Saben que lo que emitimos hacia el mundo exterior vuelve con el tiempo. Dicho de otro modo, las energías que emitimos son los resultados que nos vuelven.

Cuando te das cuenta de esto, también adviertes que tu vida es un duplicado exacto de tus pensamientos. Es decir, cuando observas tu propia vida, puedes ver siempre con todo lujo de detalle cuáles son tus pensamientos, porque tu cuerpo, tus relaciones y tu vida son un mecanismo de retroalimentación de tu mente, que te envía *feedback* constantemente de lo que hay en tus pensamientos. Lo bueno de todo esto es que puedes cambiar cualquier pensamiento que no te sirva para conseguir lo que quieres. Nunca te quedas atascado(a), pues la libertad está a un pensamiento de distancia.

Cuanto más emitas, más ingresarás

A medida que practicamos estos principios no sólo nos ayudamos, sino que también damos ejemplo a los demás para que vivan su vida según estos principios. Nuestra aportación –el tiempo que compartimos, nuestro talento y nuestros recursos– es esencial para crear riqueza. *Cuanto más emitas, más ingresarás; cuanto más des, más recibirás.* Si tus pensamientos se basan en el miedo, tendrás miedo de emitir, pero si tienes miedo de emitir no vas a poder ingresar.

Tenemos que dar aquello mismo que queremos. Conviene repetirlo. *Tenemos que dar aquello mismo que queremos.* Si quieres dinero, da dinero. Si quieres amor, da amor. Si quieres reconocimiento, da reconocimiento. Si algo no tienes, eso es lo que tienes que dar, lo que tienes que aportar.

Por otra parte, tenemos que aportar lo que tenemos y compartirlo con los demás. Siempre que reconoces la abundancia de la que dispones ya, se incrementa tu consciencia de abundancia. Y a medida que se incrementa tu consciencia de abundancia, sientes que más y más abundancia fluye en tu vida.

El poder de la gratitud

Sólo las personas que saben que ya tienen pueden tener más. Las que no saben lo que tienen creen que tienen que «obtener» con el fin de tener más. Su existencia es un reflejo de su pensamiento a través de la pobreza, la carencia, la escasez, las limitaciones, el sufrimiento y las luchas de poder.

Es imperativo que comprendas que no hay nada que obtener, que lo único que tienes que hacer es SER. SER es creativo. Obtener es un producto del miedo.

Reconoce siempre lo que ya tienes. Comienza siempre desde donde te encuentras. Aprecia lo que tienes en estos momentos, por poco que parezca en comparación con lo que otros tienen. En vez de quejarte de lo que tienes, pensando que no es suficiente, aprecia siempre lo que tienes ahora. Hay un antiguo refrán que dice: «Me sentía mal porque no tenía un par de zapatos, hasta que conocí a un hombre que no tenía pies».

Éste es uno de los más poderosos secretos para traer la riqueza a tu vida. Desarrolla una «actitud de gratitud» hacia todo lo que posees ahora, y luego dedícate a mirar cómo crece y aumenta lo que tienes.

El concepto del banco universal

Asume y ten fe en el concepto del «banco universal». Toda vez que des y no veas que se te da a cambio de inmediato, has de saber que has hecho un depósito en el banco universal y que se te devolverá con intereses en el momento más oportuno. Porque todo lo que das *tiene* que volver a ti. Ésta es la ley de causa y efecto, y no se puede cambiar.

No cometas el error de pretender determinar tú cuándo y a través de qué canales se te devolverá lo que has dado, pero sé consciente de que, si has hecho un depósito en el banco universal, lo que diste volverá a ti de innumerables modos. En ocasiones, tu abundancia se manifestará con bastante rapidez. De hecho, pensarás que es casi magia. Otras veces, lo que diste volverá a ti de maneras inesperadas. Simplemente has de saber que está allí y que volverá. Confía en ello, como confías cada día en que el sol saldrá por el horizonte.

La ley de circulación

Vamos a hablar de la ley de circulación. Una vez más, lo único que tienes que hacer es observar la naturaleza. Un buen ejemplo es un estanque. Si sólo entra agua en un estanque, éste no tardará mucho en estancarse y no podrá sustentar la vida. Si sólo sale agua del estanque, éste no tardará en secarse y no podrá sustentar la vida. Pero si el agua entra y sale del estanque, conservará la pureza del agua y sustentará la vida. Podemos encontrar pistas en los ejemplos de la naturaleza, pues en cuestiones económicas ocurre lo mismo que con el estanque. En la medida en que tu dinero circule libremente, más dinero fluirá a tu vida.

Otro aspecto de la circulación es soltar. Comienza por soltar todo lo que ya no forma parte de lo que tú quieres crear en tu vida. Regala cosas materiales que ya no utilizas o no quieres, y deja espacio para lo que quieres o necesitas en estos momentos. Al menos una vez al año, conviene recorrer la casa (sobre todo los armarios) para identificar todas aquellas cosas que ya no utilizas. Si hay algo que no te hayas puesto o no hayas utilizado en los últimos doce meses, despréndete de ello. Regálaselo a tus amigo(a)s, o dáselo a gente que pueda necesitarlo. Dónalo a organizaciones benéficas. Y, a medida que vayas limpiando, déjalo todo en orden, porque el desorden en tu vida es una señal de desorden en tu mente, pues como dentro es fuera.

Emerson dijo: «Ten cuidado de no tener demasiado en las manos». ¿Cómo es posible? ¿Cómo es posible tener demasiada salud, felicidad, amor o dinero? Lo que Emerson estaba diciendo era que, si nos aferramos con demasiada fuerza a lo que tenemos, terminamos bloqueando el flujo de las cosas buenas. Es decir, para incrementar lo que tenemos, debemos estar dispuesto(a)s a desprendernos de aquello a lo que nos aferramos.

El dinero es una idea en acción

Vivimos en un universo abundante, lleno de ideas que fluyen a través del tiempo y el espacio, y está en nuestras manos tomar todo aquello que necesitemos de ese flujo. Hay abundancia de ideas que se pueden utilizar para crear más riqueza en nuestra vida. Si lo piensas bien, *el dinero es una idea en acción.* Si nos situamos en el flujo de la vida y decimos «Aquí no hay suficiente, o no puedo tener tal cosa, o no soy capaz de», entonces el flujo pasa a través de nosotros. La corriente de la vida está fluyendo constantemente, y lo hace justo ahora. La gente acumula dinero, se aferra a él, intenta esconderlo, o incluso lo roba, creyendo que haciendo eso va a atesorar más dinero en su vida. Pero lo que no comprende es que está yendo *en contra* del flujo de la vida. Hasta el término «corriente» en «cuenta corriente» guarda relación con ese flujo, esa corriente, ese «pasar de mano en mano». El dinero debe circular, no hay que esconderlo, acumularlo ni robarlo.

La ley de la circulación se impone siempre. Si bloqueas la circulación a causa del miedo (miedo a dejarte llevar, a la carencia, a dar), detienes el flujo, y ese bloqueo habrá que eliminarlo si lo que quieres es riqueza y abundancia de forma permanente. La vida es expansión, no limitación, y mantiene sus acuerdos con nosotros. Si no hacemos circular el dinero y no decidimos cómo y dónde vamos a hacer circular nuestra abundancia, la vida lo hará por nosotros, porque la expansión debe tener lugar siempre. Si no eliges tú, la vida elegirá por ti, y puede que no sea la elección que más te guste. La abundancia volverá a circular a través de gastos inesperados. En términos generales, se nos obliga a hacer circular el dinero, tanto si nos gusta como si no.

Échale un vistazo a tu vida y mira a ver qué es lo que te impide conservar el dinero. Analiza en qué cosas te ves obligado a gastar el dinero, y luego examina en qué aspectos lo retienes. ¿Cuáles son tus creencias en lo relativo a la circulación del dinero? Pero no sólo tenemos que hacerlo circular y tenemos que dar; si queremos vivir la riqueza de forma permanente, tenemos que aprender también a recibir.

Cómo aprender a recibir

Una forma importante de incrementar el flujo de la abundancia en la vida consiste en aprender a recibir. Dar tiene que estar equilibrado con recibir. Muchas personas descuidan esta área en su vida, pero aprender a recibir no es tan fácil como parece. Cuando recibimos, nos hacemos más vulnerables y perdemos control. Cuando das, tú tienes el control. Recibir, por otra parte, va a hacer que en ocasiones sientas que pierdes el control. Por ejemplo, si alguien te hace un cumplido, ¿cómo reaccionas? Si te dicen «Me encanta la ropa que llevas», ¿cómo respondes? Quizás digas «Bueno, es ropa vieja. La tengo desde hace años». O si dicen «¡Qué sabrosa la comida que has hecho!», tú quizás digas «Bueno, no es para tanto. Simplemente mezclé unas cuantas cosas».

Conviene que analices cómo respondes a los cumplidos. El motivo por el cual es importante aceptar los cumplidos es porque permiten que la otra persona nos dé algo.

Si ves el cuadro completo, ambas personas damos y recibimos. Aprender a aceptar libremente lo que se te da te va a ayudar a transformarte en un canal abierto para la riqueza.

Nunca rechaces nada bueno que se te ofrezca. Si alguien te hace un regalo, tómalo y di simplemente «Gracias». Si estás en un restaurante y alguien quiere pagar la cuenta, no discutas. Tan sólo responde «Gracias» y deja que te inviten. Renuncia a tus creencias en lo relativo a aceptar regalos de los demás. Olvídate de ese sentimiento de vulnerabilidad o de que les debes algo. Si alguien te da algo que no te gusta o no necesitas, pásaselo a alguien que pueda darle uso o disfrute con ello. De este modo, todos saldréis ganando. Cuando rechazas un regalo de alguien, no sólo estás bloqueando el flujo de la abundancia en tu vida, sino que estás bloqueando el flujo de la abundancia en la vida del donante.

Si quieres hacer un regalo, ¿no te gustaría que la otra persona lo recibiera? Recuerda, no puede haber donante sin receptor, y no puede haber receptor sin donante. Debes saber que, cada vez que aceptas un regalo, ayudas al donante y te ayudas a ti mismo a cerrar el círculo de dar y recibir.

¿Cuánto puedes aceptar?

Ésta es una pregunta importante: ¿cuánto dinero puedes aceptar? Todos conocemos a personas que tienen más dinero del que se pueden gastar y no saben qué hacer con él, y también a personas que nunca tienen suficiente para vivir. ¿Por qué existe esta diferencia?

Muchas personas piensan que, si tuvieran en su poder una gran suma de dinero, se retirarían para el resto de su vida. Pero esto no es cierto. Las investigaciones han demostrado que las personas que reciben grandes sumas de dinero sin ser fruto de su trabajo (aquellas a las que les ha tocado la lotería o han heredado una fortuna, por ejemplo) terminan habitualmente donde empezaron al cabo de dos años tras su golpe de suerte. La gente cree que, si tuviera dinero, pagaría sus facturas, se quitaría de encima las deudas y comenzaría desde cero, pero esto rara vez ocurre. Más del 90 % de las personas que ganan grandes sumas de dinero terminan, con el transcurso del tiempo, en la misma situación en la que se encontraban antes de conseguir esas fortunas. Su nivel de vida no se incrementa y, en muchos casos, incluso desciende debido al exceso de gastos.

Si a una persona que no tiene casi nada se le da una gran suma de dinero, al cabo de poco tiempo ya no le quedará nada. Si repartiéramos todo el dinero del mundo de forma equitativa, en un corto plazo de tiempo los ricos serían ricos de nuevo y los pobres serían pobres. La cuestión aquí estriba en que, si tú tienes consciencia de pobreza, de carencia y limitaciones, terminarás literalmente en la pobreza, aunque te encuentres de pronto con una ingente suma de dinero. Te gastarás cuanto tienes con el fin de volver a tu zona de confort.

Sin embargo, quítale todo el dinero a una persona millonaria (una que tenga consciencia de millonaria hoy) y en un corto período de tiempo será millonaria de nuevo. La riqueza comienza en la mente, no en tu cartera ni en tu cuenta bancaria ni en tus inversiones. La cartera, la cuenta bancaria y las inversiones son los *efectos*, no la *causa.* La causa es siempre una idea o creencia acerca del dinero. *Una persona no es rica porque tenga dinero, sino que tiene dinero porque es YA rica en su consciencia.* Una vez más, éste es el motivo por el que los ricos siempre se hacen más ricos y los pobres siempre se hacen más pobres, en tanto no cambien su consciencia.

El dinero semilla aumenta la riqueza

Otra idea para incrementar la abundancia es el concepto de dinero semilla, que se basa en la ley de la circulación. El principio del dinero semilla es una forma segura de incrementar el flujo de riqueza en tu vida, y consiste en plantar semillas de riqueza dando dinero con la expectativa de una devolución diez veces superior.

Un agricultor sólo puede plantar lo que tiene para plantar. Si tiene cien semillas, eso es todo cuanto puede plantar. Para incrementar su cosecha tiene que plantar esas semillas y, además, tomar nuevas semillas de la primera cosecha para replantarlas y producir otra nueva cosecha. La lección aquí es que *el incremento de riqueza surge de lo que ya poseemos.* ¿No te resulta familiar? Bueno, convendrá repetirlo. Tenemos que sembrar parte de lo que tenemos para asegurarnos una cosecha más grande.

¿Qué pasaría si un agricultor tomara sus semillas, las metiera en un tarro y las guardará? Pues que con el tiempo se secarían y se echarían a perder, y ya no podrían reproducirse. Es sumamente importante lo que hacemos con nuestras semillas, dónde las plantamos, tanto si es maíz como si se trata de dinero. Plantar maíz en una buena tierra, con mucha agua y con las adecuadas atenciones, es la mejor manera de generar expectativas de retorno. Cuando lo que plantas es dinero, tu creencia es la tierra, y tus expectativas de retorno son el agua que necesita para su crecimiento.

Dado que la creencia es tan importante, convendrá elegir bien un lugar en el que sintamos que nuestro dinero semilla hará el máximo bien y se multiplicará. El lugar ideal para sembrar nuestra riqueza es dárselo a una organización, persona o actividad que sintamos que contribuye a nuestro crecimiento personal. No hay mejor lugar donde poner el dinero y esperar a verlo crecer, y en estos casos podemos pensar en una devolución diez veces superior. Claro está que podríamos plantearnos una devolución cien veces superior, pero probablemente no sería creíble. Diez es mucho más creíble que cien, de modo que comienza con una devolución diez veces superior al valor sembrado.

Estoy convencido de que a estas alturas ya sabes que son nuestras creencias las que hacen que esto funcione. No es el número diez. La credibilidad es el factor más importante que podemos encontrar tras cada acto creativo. Decide cuánto dinero quieres sembrar y hazlo de forma regular, y ten la convicción de que crecerá. Hay muchas personas de éxito que recurren al principio del dinero semilla. Es divertido. Funciona, e incrementará tu riqueza en proporción directa a tus creencias.

¿Cuánto dinero quieres?

Crear riqueza exige que seas específico en lo que le pides al subconsciente. Imagina que vas al mostrador de una línea aérea en el aeropuerto y que pides un billete. Obviamente, la persona que te atiende te va a preguntar adónde quieres ir. Pues bien, el mismo principio se aplica cuando pides abundancia y riqueza. ¿Quieres dinero? Entonces di cuánto. Recuerda: tu subconsciente sólo entiende órdenes muy concretas.

Por otra parte, asegúrate de que estás dispuesto(a) a aceptar lo que estás pidiendo, pues *nunca te vas a permitir tener más dinero del que crees que mereces.* Si quieres más dinero, comienza por aceptar el hecho de que mereces la riqueza. Tú mereces ser rico(a). Hay muchas prioridades en la vida, y tu derecho a ser rico(a) debería de ser uno de los primeros en la lista. No apuntes demasiado bajo por miedo a no merecer lo mejor. Tú mereces lo mejor que estés dispuesto(a) a aceptar. La pobreza es una enfermedad y se cura con la riqueza.

Un vistazo sobre tu futuro económico

Vamos a imaginarnos que soy una persona con poderes psíquicos, que tengo la singular habilidad de poder ver tu futuro económico. Tú vienes a verme y me dices que quieres ganar, al menos, 100.000 dólares al año, que quieres tener libertad económica, liberarte de deudas, poseer tu propia casa e ir y venir a tu antojo.

Yo me concentro y tengo una visión de tu futuro, una visión que tiene el siguiente aspecto. «Tus ingresos superarán los 100.000 dólares al año y los obtendrás haciendo algo que te encanta hacer, pero te va a llevar en torno a 36 meses, a partir de ahora, conseguirlo. Mientras tanto, vas a pasar por experiencias difíciles.

Pondrás en marcha dos negocios diferentes que fracasarán. Invertirás 20.000 dólares de dinero prestado y los perderás. Estarás a punto de perder tu casa, y tu pareja te pedirá el divorcio porque estaréis peleándoos constantemente por el dinero. Lucharás por ganarte la vida y por darle comida y techo a tu familia. Tu autoestima estará por los suelos de forma permanente.

»Sin embargo, durante este tiempo no te rendirás. Conocerás a las personas adecuadas, que te enseñarán lo que tienes que saber. También estudiarás y aprenderás nuevas estrategias, que te proporcionarán la motivación necesaria para poner en marcha un tercer negocio. Tendrás que esforzarte mucho también en este nuevo negocio antes de comenzar a ganar dinero pero, al cabo de seis meses, superarás los 5.000 dólares al mes. A partir de ahí, crecerás mucho más rápido de lo que puedas imaginar. Al cabo de dos años y medio estarás ganando bastante más de 100.000 dólares al año para el resto de tu vida. Tú y tu pareja ya no discutiréis por el dinero y os llevaréis mejor que nunca».

Bien. Ahora, he aquí mi pregunta. Si tú supieras que ésa es una predicción precisa, ¿comenzarías este viaje AHORA, aun a sabiendas de que te vas a enfrentar al fracaso durante los dos primeros años? ¿Aun a sabiendas de que vas a tener problemas familiares y preocupaciones económicas? Si eres la persona que creo que eres, probablemente dirás: «Apúntame a eso y comencemos ya».

Unas palabras acerca de los riesgos

Con independencia de lo que decidas, siempre habrá riesgos implicados en ello, y una de las cosas más difíciles de hacer en la vida es asumir riesgos. Muchas personas me dicen que no están dispuestas a arriesgar su seguridad económica. Les asusta mucho asumir riesgos, pero lo cierto es que *todo lo que haces en la vida implica riesgos.* ¡Hasta no hacer *nada* implica riesgos! En cuanto entiendes bien esto y te das cuenta de que la vida sin riesgos no es una opción para ti, la confianza en ti como creador deliberado se convertirá en la cura de tu aversión a los riesgos.

Existen oportunidades económicas, y muchas personas que se aprovechan de ellas sacan bastante dinero; y, sin embargo, muchas más personas intentan aprovechar también esas mismas oportunidades y jamás consiguen el éxito económico. ¿Por qué? Porque el éxito o el fracaso ante cualquier oportunidad viene determinado por algo que está dentro del corazón y de la mente de la persona. Aunque sea la misma empresa, el mismo producto o servicio, la misma formación y la misma remuneración, sólo quienes de verdad confían en sí mismo(a)s como creadores deliberados alcanzarán la libertad económica que buscan.

Yo he fracasado en varios negocios y aventuras financieras. También he pasado por momentos económicamente muy difíciles, que equivaldrían a la peor situación que la mayoría de las personas pueda haber vivido en este aspecto. Sin embargo, siempre he insistido, porque sabía en el fondo de mi mente y de mi corazón que lo conseguiría.

Me doy cuenta de que en temas económicos pueden suceder cosas que atemorizan mucho, pero tendrás que ir más allá del miedo para alcanzar la libertad económica que buscas. Si estás preocupado(a) por el dinero, probablemente te sentirás impotente para cambiar tus circunstancias económicas, pero eso no es cierto. Lo único que tienes que hacer es cambiar de mentalidad y de «corazonalidad», y ponerte a trabajar sobre una nueva solución con todo entusiasmo.

No me estoy refiriendo con esto a lo que se llama trabajar duro. Trabajar duro es no ir con el flujo del universo. Conozco a mucha gente muy trabajadora que parece que nunca vaya a tener suficiente dinero. Trabajar duro no te va a traer la libertad económica. Sólo convirtiéndote en creador deliberado podrás conseguirlo.

En cuanto decidas que eres un creador deliberado, desencadenarás tu poder para generar libertad económica, y esto te proporcionará automáticamente el entusiasmo y la confianza en ti mismo(a) que necesitas para dirigirte hacia cualquier objetivo económico que identifiques, sean quinientos dólares más al mes, cien mil dólares al año o un valor neto de un millón de dólares. Pero, para eso, vas a tener que hacer las cosas de una forma diferente a como las has estado haciendo hasta ahora. Incrementarás tu riqueza si utilizas los principios de los que se ha tratado en este capítulo, pero no te fíes de mi palabra. Utilízalos por ti mismo(a) y descubre cómo funcionan en tu caso.

Capítulo 9

Cinco palabras que dan resultados

Hay cinco palabras que generan resultados, pero no te voy a mantener en vilo. Esas cinco palabras son: relajarse, reconocer, darse cuenta, razón y soltar.[1]

Las cinco palabras

Las cinco palabras son parte de un proceso creativo en cinco pasos que podríamos denominar ejercicio de condicionamiento de la consciencia. Las cinco palabras –relajarse, reconocer, darse cuenta, razón y soltar– se podrían comparar con un *swing* en el golf. Para un amateur, el *swing* parece un único movimiento continuo, pero en realidad es una combinación de una serie de pasos perfectamente coordinados. El jugador de golf tiene que afianzar los pies en la posición exacta, agarrar el palo y, sin quitar la vista de la bola, llevar el palo hacia abajo poco a poco. En ese balanceo hacia abajo, el jugador acelera poco a poco su movimiento. Después de golpear la bola, el jugador sigue manteniendo la vista en el lugar donde estaba la pelota. Claro está que hay muchos más componentes en la realización de un *swing* correcto en el golf, pero baste esto como ejemplo para ilustrar el punto.

---

1. En el original inglés, *Relax, Recognize, Realize, Reason and Release.* Por este motivo, el autor las llama las cinco R, cosa que no hemos podido traducir al castellano por no coincidir con las iniciales de sus correspondientes imperativos. *(N. del T.)*

Cuando un jugador de golf está *off*, fuera del juego, puede pedir que un instructor juegue una ronda con él para que observe su *swing*. Si el problema se halla en el balanceo del cuerpo, el profesional dirá: «Ya sé dónde tienes el problema. No mantienes el cuerpo en línea. Te balanceas un poco cuando das el golpe». Y cuando el jugador corrige este punto, sus golpes mejoran. Si no descomponemos el *swing* en sus distintos componentes, al instructor le va a resultar difícil descubrir con exactitud qué está haciendo mal el jugador.

Del mismo modo, hemos descompuesto el ejercicio de condicionamiento de la consciencia en cinco pasos, en las cinco palabras. Estas cinco palabras, cuando se conjuntan y forman un todo, alteran nuestra consciencia, transformando así los resultados que generamos en la vida.

Relajarse

El primer paso es RELAJARSE. Previamente al cambio de consciencia, tenemos que alcanzar cierto punto de relajación física y emocional porque una persona tensa no puede generar resultados eficaces. Por muy bien que aprendas las técnicas, la tensión interna va a anular las declaraciones de intenciones que hagas, porque existe un conflicto entre lo que estás diciendo y lo que estás *sintiendo.* Todas las corrientes subterráneas mentales y emocionales entran en el ejercicio de condicionamiento de la consciencia.

Convendrá que aprendas a relajar por completo tu mente y tu cuerpo durante quince minutos cada día. Una forma fácil de hacerlo es mediante un proceso de respiración y contracción-relajación muscular. Antes de comenzar, estira todo tu cuerpo y concéntrate en conseguir que tus músculos se suelten todo lo posible. A continuación, sentado(a) en una silla con los ojos cerrados, inspira y espira siguiendo un ritmo lento y confortable.

Con esto ya deberías comenzar a sentirte relajado(a). Después, recorriendo los brazos, las manos, los hombros, la espalda y las regiones abdominales, así como muslos, pantorrillas y pies, contrae y suelta los músculos. Una explicación más completa de los ejercicios de relajación se puede encontrar en mi libro *The Ultimate Secrets of Total Self-Confidence (Los secretos definitivos de la confianza total en uno mismo).*

Sea cual sea el método que elijas, es esencial que reserves unos instantes cada día para tomarte un respiro de tus problemas, miedos y ansiedades, con el fin de recargarte y reprogramarte con las cinco palabras de este proceso, en el que el primer paso consiste en relajarse.

Reconocer

El segundo paso es RECONOCER. Tenemos que reconocer que estamos inmerso(a)s en una mente creadora o universal que es todo poder, todo conocimiento y todo sabiduría. Sabemos que hay una sabiduría y una inteligencia creadora en el universo, algo que se puede ver en la actividad de los planetas y las estrellas. Sabemos que el átomo es un sistema solar en miniatura, y hemos descubierto que existe una curiosa exactitud matemática en la estructura de los cristales en las células. Constatamos esa sabiduría en cómo es capaz de construir un cuerpo humano en alrededor de nueve meses, plenamente equipado para iniciar su existencia terrestre, aunque la madre no tenga ni la más mínima idea de cómo construir una célula en ese niño.

La misma sabiduría subyace en la constitución mental de todas las personas que nacen en este mundo. Esa sabiduría sabe cómo mantener al corazón latiendo con una regularidad matemática. Cura un corte mediante un misterioso proceso químico que el ser humano no sabe cómo replicar. Cura huesos fracturados organizando la efusión de nuevo material óseo que une los huesos. Lo único que tiene que hacer el médico es encarar bien los dos fragmentos del hueso, y esa sabiduría o inteligencia creadora se encarga de fusionarlos. Sólo con este proceso se nos ofrece una evidencia de que existe una inteligencia omnisciente que opera en todo el universo.

Hombres y mujeres devotos de todas las épocas han reconocido este poder de diferentes maneras y con distintos nombres; pero, en última instancia, lo llames como lo llames, este poder existe. No existe problema para el cual este poder no conozca la respuesta, el mismo poder que le ha dado el ser a cada célula de tu cuerpo, el poder que crea cada vida.

La gente se siente acosada por los problemas, pero este poder sólo tiene respuestas, no sabe nada de problemas. Su conocimiento está mucho más allá de cualquier cosa que el ser humano haya descubierto. No sabe nada de enfermedades incurables, de pobreza, de carencias o limitaciones. En nuestra civilización estamos orgullosos de nuestros descubrimientos científicos, médicos y tecnológicos. Sin embargo, este poder ya conocía todo eso desde antes de la fundamentación del mundo. Todas las invenciones, todos los avances médicos y tecnológicos del futuro, se hallan ya, en este momento, en la mente o inteligencia universal.

La mente universal podría compararse con el océano. Las corrientes oceánicas fluyen a través de los cerebros de hombres y mujeres cuyo pensamiento habitual está dirigido por algún concepto o idea en particular, y esos hombres y mujeres captan y registran nuevas ideas que están en sintonía con su pensamiento. Ésta es la razón por la que personas de extremos opuestos de la Tierra, que no se conocen entre sí, pueden aparecer de pronto, simultáneamente, con un mismo invento, el mismo descubrimiento o el mismo relato. Cada uno cree que él o ella es quien ha creado la idea, pero el origen no se halla en ningún ser humano. El ser humano lo único que hace es sintonizar con ideas de la gran mente universal, de tal modo que en el segundo paso lo que tenemos que hacer es reconocer que existe esta mente universal.

Darse cuenta

En el tercer paso nos tendremos que DAR CUENTA de que el principio de la mente universal es el principio de nuestra propia mente. La ciencia ha demostrado que todo animal, vegetal y mineral refleja un patrón de energía. Todo está hecho de esta energía, y sabemos que esa energía se expresa como inteligencia o mente. También sabemos que esa mente es creativa, que dispone de la capacidad de crear.

Todos somos una extensión de esa mente o inteligencia universal y, dado que *no podemos separarnos de ella,* tenemos que ser *UNO con ella* y compartir sus cualidades. Y esto es sumamente importante: dado que la mente universal es el creador, tú y yo somos cocreadores. La mente universal se expresa a través de cada persona, de modo que, en esencia, todos utilizamos la mente universal, al igual que respiramos el mismo aire. No es mi aire ni tu aire; tan sólo existe aire, y todos empleamos al mismo tiempo ese aire para respirar. Lo mismo ocurre con la mente universal. Sólo existe una mente, una inteligencia, y todos utilizamos esa mente universal. Todo cuanto necesites saber se puede extraer de esa mente universal. Toda la sabiduría, todo el conocimiento del universo se halla dentro de esa mente universal y está a nuestra disposición. Esta inteligencia creadora es la única agencia en el universo que puede transformar los pensamientos en cosas. De hecho, se pasa el tiempo haciendo eso, tanto si nos damos cuenta como si no. Y debido a su carácter sustentador, esa única mente universal transforma nuestros pensamientos negativos o nuestros pensamientos positivos en forma o realidad.

Esta inteligencia es completamente fiable. Nunca te dejará en la estacada. Y es fiable porque trabaja sobre nuestros pensamientos. Nuestra mente es una ensenada de ese océano creativo que es la mente universal, de tal modo que podríamos comparar a una persona con una bombilla eléctrica. La luz se manifiesta *a través* de ella, pero no la produce ella. La inteligencia o mente universal se manifiesta a través de nosotros, pero no la producimos nosotros, de modo que en el tercer paso lo que tenemos que hacer es darnos cuenta de que el principio de la mente universal es el principio de nuestra mente; y, más importante aún, que somos UNO con ella y no estamos SEPARADOS de ella.

Limitada como es nuestra mente, es, no obstante, parte de esa única mente o inteligencia universal, y estará unida a ella para siempre. Esta inteligencia creadora que porta todas las ideas es como un océano que fluye a través de los cerebros de hombres y mujeres. Un océano tiene superficie y profundidades, y nadie puede saber dónde termina la superficie y dónde comienzan las profundidades. La superficie es la mente consciente, y las profundidades es la mente subconsciente. La mente universal se expresa a través de la mente subconsciente, lo cual significa que está abierta en ambos extremos. En un extremo se abre a la mente universal y a la inteligencia creadora, de donde recibimos sabiduría y orientación, y en el otro extremo está abierta para que le introduzcamos datos y la programemos. La combinación de ambas puede crear cualquier cosa que estemos dispuesto(a)s a aceptar.

Razón

Después, llegamos al paso número cuatro, que es RAZÓN, y es que hemos de tener una razón para crear. Hemos de tener metas y propósitos para ser personas creadoras. En este paso, tú presentas tu razón o propósito creador ante tu subconsciente. Y, tal como hemos visto, la mente tiene dos aspectos: consciente y subconsciente. Al igual que el océano, la mente humana es una, aunque porta en sí dos actividades marcadamente diferentes.

El aspecto consciente de la mente es el «pensador» y el subconsciente es el «demostrador». El demostrador demuestra y el pensador piensa, pero al demostrador *le da igual* lo que piense el pensador. Su única función es demostrar que el pensador tiene razón. Si no escuchamos a la intuición, que fluye desde el aspecto superior del subconsciente, las entradas de información y datos procederán de manera exclusiva del entorno. La combinación de la intuición o guía interior con la programación de lo que sabemos que es verdad es lo que produce el mejor resultado posible en la vida.

Conviene que sepas que, debido a que el subconsciente es creativo, todas las ideas, impresiones y patrones de pensamiento habituales que retienes en tu memoria tienen tendencia a recrearse o perpetuarse. Es éste un proceso de empuje mecánico que se manifiesta en la forma de una resistencia. Los pensamientos no tienen poder en sí mismos, lo cual quiere decir que no pueden anteponerse a tu voluntad, pero los pensamientos nuevos sí que ofrecen resistencia al cambio. Por este motivo, quizás notes que aparece esa resistencia cuando decides cambiar de pensamiento.

El factor de resistencia se suele caracterizar por las dudas. La duda es el factor de resistencia iniciando su lucha, y la mejor manera de gestionarla es no enfrentarse a ella, sino tan sólo observarla y dejarla pasar. Tus pensamientos de duda y confusión no disponen de poder, a menos que se lo des tú. Si tú no les das poder alimentando la duda, seguirán siendo totalmente inofensivos y terminarán desapareciendo por falta de atención.

El subconsciente es donde tiene lugar toda la acción, de modo que cualquier idea que pongas en el subconsciente y la mantengas como cierta y verdadera se manifestará como experiencia en tu vida. Ahora bien, presta atención; la mente consciente, o pensamiento consciente, es *directiva,* pero no es *creativa.* No dispone de poder. Sólo expresa tus deseos, de manera que la mente consciente sólo puede dar dirección. Es la mente subconsciente la que tiene el poder, la energía y la acción para hacer que las cosas pasen.

Comprende que el poder no puede dar dirección por sí mismo. Su desembolso debe de ser intencionado, pues, de otro modo, será destructivo en su acción. El hecho de no comprender la naturaleza del consciente y el inconsciente y de utilizarlos mal es la causa de la mayor parte de, si no de todas, las confusiones, frustraciones y fracasos en la vida.

Por ejemplo, si te estás esforzando y estás tenso(a) y estás intentando ser enérgico(a) con tu voluntad consciente, es porque estás dando por hecho que tu voluntad tiene poder. Pero esto es un malentendido. *La voluntad no tiene poder,* de modo que no harás otra cosa que sobrecargar tu sistema nervioso. Esto es un uso indebido del pensamiento consciente. Sin embargo, el uso indebido más habitual del subconsciente tiene lugar cuando la persona es incapaz de tomar una decisión, se niega a tomarla o teme tomarla, lo cual es una responsabilidad de la mente consciente.

Por otra parte, el subconsciente no puede decidir, sólo puede responder a la decisión. Hay que decirle lo que tiene que hacer. No puede pensar por sí mismo ni va a hacerlo, de modo que tiene que ser el yo consciente el que decida. Normalmente, tomamos las decisiones con tanta rapidez que parece que no seamos conscientes del proceso de elección. Sin embargo, estamos eligiendo a cada instante. Este poder de decisión es uno de los mayores dones que tenemos, pues con él nos llega la capacidad para elegir el tipo de experiencias que queremos tener en la vida. Nunca podré excederme resaltando la importancia de elegir, decidir. En cuanto tomas una decisión y le dices al subconsciente lo que tiene que hacer, aceptas que tu subconsciente se va a hacer cargo de todo. Dile siempre al subconsciente *qué* hacer, pero no le digas nunca *cómo* hacerlo, pues él lo sabe mejor que tú, dado que está conectado a la mente universal, donde se halla toda la sabiduría del universo.

Tu palabra tiene poder, y si tú pronuncias tu palabra con convicción y autoridad, tu subconsciente actuará en consecuencia sin dudarlo un instante. Convéncete de que lo que le has dicho al subconsciente ya es tuyo. Tú no estás pronunciando tu palabra en el vacío, sino que la estás imprimiendo en la mente universal, y el universo fluirá en forma de cualquier deseo que se le presente. Ésta es nuestra razón para crear.

Soltar

El quinto y último paso es SOLTAR o, lo que es lo mismo, dejar ir. Una de las principales razones de por qué la gente tiene dificultades en el uso de su poder creativo es porque no tiene confianza en que funcione. Si no confías en que va a funcionar, serás incapaz de soltar tus pensamientos y seguirás preguntándote si funcionará. *Cualquier cosa en la que pensamos la traemos,* de modo que si te preocupa que algo no funcione, el resultado va a ser aquello que temes. Es como plantar una semilla y salir todos los días al jardín para escarbar a ver si la semilla está creciendo. En algún momento *tendrás que soltar, tendrás que dejar que la semilla siga su rumbo.*

Alguien me preguntó en cierta ocasión qué era lo más difícil en el proceso de crear lo que deseas, y mi respuesta fue: «No pensar en cómo lo vas a conseguir». Si intentas discernir cómo vas a conseguir lo que quieres, te vas a limitar a lo que tu ego o mente condicionada es capaz de hacer. La clave para crear lo que quieres es entregarle tu deseo o tu meta al subconsciente, que está conectado con la mente universal o subconsciente universal, y dejarle que te traiga la meta o que te lleve a ti hasta la meta.

El principio creador o impulso creador a través de la física cuántica atraerá todo cuanto necesites para hacer realidad tu deseo, pero tú tendrás que soltar ese deseo y dejarlo ir. Cuanto antes lo dejes ir, con más rapidez se manifestará tu deseo. Pero no te confundas: tú vas a seguir estableciéndote metas y haciendo afirmaciones y visualizaciones para dar apoyo a tu deseo. Lo que no vas a hacer es darle vueltas a cómo te va a llegar. Soltar significa saber que, una vez pronuncias tu palabra, el proceso de creación comienza y aquello que deseas ya ha sido creado y está en camino. Establecer metas, hacer afirmaciones y visualizaciones no pretende otra cosa que *mantenerte* centrado en el resultado final.

Si tienes claro cómo funciona el proceso creativo, esperarás el resultado de la manera más natural. No hay forma de que no funcione. Tú estás utilizando el mismo proceso creativo a partir del cual ha venido a la existencia todo cuanto se ha creado. Recuerda, en la mente universal no hay demoras. El único factor temporal que existe se halla entre el momento en que tú pronuncias tu palabra y en que *aceptas* tu deseo. Esto conviene repetirlo. El único factor temporal que existe se halla entre el momento en que tú pronuncias tu palabra y en que *aceptas* tu deseo.

Si experimentas alguna demora, eso significa que todavía tienes alguna aprensión. Si esto ocurre, afírmate que el subconsciente está actuando de manera creativa sobre tus pensamientos y que tú esperas ver los resultados. Si éstos no aparecen, y habrá veces en que no lo harán, significa simplemente que no has hecho bien uno o más de los cinco pasos. Hace falta un poco de práctica. Tan sólo repite el proceso hasta que veas resultados. Reconoce que las condiciones negativas que sufres en tu vida son sólo pensamientos distorsionados que han tomado forma. El pensamiento es la causa, mientras que el efecto es el resultado o experiencia en tu universo físico o en tu vida.

La consciencia genera resultados

El objetivo del ejercicio de condicionamiento de la consciencia es reemplazar un falso sistema de creencias por la verdad. La mente subconsciente tiene que hacer, de alguna forma, una imagen de lo que se le ha dado. El pensamiento no sólo influye en la forma, sino que también se convierte realmente en forma, o efecto. A la combinación de la mente consciente con la mente subconsciente se le denomina consciencia, y ésta es siempre la causa de todo lo que hay en tu vida. Los efectos o resultados que generas en tu propia vida son siempre equivalentes a la causa, de tal modo que, para provocar cualquier cambio en los efectos, primero tendrá que haber un cambio en aquello que lo causó. Repito, la causa es siempre la consciencia.

En definitiva, no hay otra cosa en la vida salvo causas y efectos. Todo lo que vivimos es el resultado de una causa que con anterioridad pusimos en movimiento. Siempre hay acción y reacción, sembrar y cosechar. La ley de la mente opera con precisión matemática, y es imperativo que comprendas lo importante que es la consciencia. Cualquier técnica se puede aprender, pero la consciencia debe ser desarrollada a través de un pensamiento recto. La consciencia es el despliegue del Yo Real o Yo Superior interno.

Un ejemplo de cómo opera la consciencia sería el que nos ofrece el caso de miles de vendedores que se inscriben a cursos de venta. Muchos de ellos se preguntan por qué, a pesar de hacer un curso tras otro, no generan aumentos significativos en el volumen de sus ventas. El problema estriba en que estos cursos se ocupan de lo externo y son, en gran medida, manipuladores. Te enseñan cómo abordar al cliente potencial, cómo despertar su interés, de qué forma llevar la entrevista hacia una toma de decisiones y cómo cerrar la venta, pero no se tiene en cuenta la consideración más importante, que es la consciencia. Y es que uno tiene que construirse un modelo de consciencia para poder ser creativo. En este caso, el vendedor o vendedora tiene que construirse un modelo de consciencia de lo que está dispuesto(a) a dar y de lo que quiere recibir a través del proceso de venta.

En cierta ocasión impartí un curso de venta para una organización comercial de una gran ciudad. Desde un principio les dije que no les iba a enseñar la mecánica de la venta, pues, al fin y al cabo, ya habían recibido varios cursos explicándoles todo eso. Les dije que les iba a enseñar a construirse un *modelo de consciencia* para desarrollar una *actitud interior o molde mental* que les permitiera vender sin esfuerzo y sin manipular a la gente.

Varias semanas después de que concluyera el curso, desde la organización que me había contratado me dijeron que las ventas se habían incrementado en más del *40%,* y que todo el mundo que había asistido al programa había experimentado un incremento de producción sustancial. También reconoció que este tipo de formación era el más ventajoso, debido a que habían aprendido a trabajar con la causa en vez de con el efecto, y la consciencia es siempre la causa.

El poder fluye hacia el foco de atención

En este punto, considero que deberíamos hablar de las dificultades que tiene mantener una actitud positiva de manera permanente. Siendo humanos, y estando sujetos a las limitaciones de nuestro sistema de creencias, nos damos cuenta de que, a pesar de nuestro deseo por mantener el más elevado nivel de pensamiento, los pensamientos negativos no dejan de sorprendernos. Ante esta realidad, esta importante declaración te ayudará a comprender: *el poder fluye hacia el foco de atención.* Permíteme que lo repita: *el poder fluye hacia el foco de atención.*

Un ejemplo de esto sería el siguiente. Supón que estás en la puerta delantera de tu casa y que miras fijamente el número de la casa de tus vecinos, justo enfrente, al otro lado de la calle. En esta situación, el número de la casa te resultaría del todo discernible, porque estarías centrando tu atención en él. Pero, aunque lo estuvieras mirando fijamente, sin mover los ojos, por lo general serías consciente de otras cosas a ambos lados de la casa. Esas otras cosas se irían haciendo cada vez más vagas a medida que te alejaras a la izquierda o la derecha del número de la casa, que sería el punto focal de tu atención. Vamos a examinar qué relación guarda esto con el proceso del pensamiento.

Tú dispones de una consciencia *central* y de una consciencia *periférica,* del mismo modo que tienes una visión central y una visión periférica. En tu consciencia están esas cosas de las cuales eres muy consciente. Éstos son tus pensamientos dominantes. Por otra parte, en tu consciencia periférica están esas cosas de las que eres vagamente consciente. Los pensamientos periféricos, aunque sean negativos, no controlan tu comportamiento. Lo que controla tu comportamiento y tu vida es la *consciencia central;* es decir, tus *pensamientos dominantes.* Ahora, presta atención a esto: tú tienes necesariamente la tendencia a atraer aquellas cosas que *amas, temes o esperas una y otra vez;* es decir, aquellas cosas que mantienes en tu *consciencia central.* Por favor, léelo de nuevo.

El objetivo del proceso creativo de cinco pasos consiste en cambiar tu consciencia central, cambiar tus pensamientos dominantes. Es una declaración de tus creencias y de tu «conocimiento». Fíjate bien: *conocer* es superior a *creer.* Conocer significa que no hay duda, tienes una certeza total. Puedes tener creencias, pero éstas pueden ir acompañadas, no obstante, de la duda.

Cuando SABES que algo es cierto o real, no tienes ninguna duda. ¡Ni la más mínima duda! Sabes que, cuando pronuncias tu palabra con convicción y autoridad, hay un movimiento definido en la mente, una dirección para alcanzar un fin definido. Sabes que has alcanzado tu deseo YA, antes incluso de que aparezca en tu realidad física. Sabes que la ley de la mente es obediente. Es tan obediente como la ley de la electricidad. Y conviene repetir que *saber es siempre superior a creer,* y los mejores resultados se producen cuando sabemos y declaramos la verdad acerca de nosotros mismo(a)s y de los demás.

Las cinco palabras que generan resultados son relajarse, reconocer, darse cuenta, razón y soltar. Pongámoslas juntas en un ejercicio de condicionamiento de la consciencia que podamos utilizar como modelo. He aquí los cinco pasos combinados en un único proceso.

El primer paso es relajarse. Elige un método que te vaya bien y deja que tu mente y tu cuerpo se relajen completamente durante quince minutos. Las ventajas de la relajación total son enormes. Después de relajarte podrás continuar con el segundo paso. El segundo paso es reconocer.

Dirías: «Reconozco que sólo existe una única mente creadora universal». El tercer paso es darte cuenta, y dirías: «Me doy cuenta de que no puede haber separación en la mente universal. Por tanto, mi mente es parte de la mente creadora universal y, cuando pronuncio mi palabra, la mente universal actúa según mi palabra, sin vacilar». En el cuarto paso darías una razón, de modo que afirmarías: «Estoy convencido de que mi palabra tiene poder. Creo firmemente esto, y pronuncio ahora mi palabra que...», y declararías la meta o resultado final que deseas. El quinto paso es soltar. Dirías: «Suelto, dejo ir y permito que lamente creadora universal trabaje a través de mí. Ningún error del pasado va a interponerse ni me va a obstaculizar. En mi vida no existen la dilación ni las interferencias. No hay demora en la mente universal y, por tanto, espero ya los resultados. Estoy dispuesto(a) a renunciar a todo lo que se interponga en mi deseo. Me siento impulsado(a) y obligado(a) a actuar ante cada oportunidad para hacer realidad este deseo, y ésa es la realidad». Pongámoslo todo junto y veamos cómo suena.

Reconozco que sólo existe una única mente creadora universal. Me doy cuenta de que no puede haber separación en la mente universal. Por tanto, mi mente es parte de la mente creadora universal y, cuando pronuncio mi palabra, la mente universal actúa según mi palabra sin vacilar. Estoy convencido de que mi palabra tiene poder. Lo creo firmemente y pronuncio ahora mi palabra que... Suelto, dejo ir y permito que la mente creadora universal trabaje a través de mí. Ningún error del pasado va a interponerse ni me va a obstaculizar. En mi vida no existen la dilación ni las interferencias. No hay demora en la mente universal y, por tanto, espero ya los resultados. Estoy dispuesto a renunciar a todo lo que se interponga en mi deseo. Me siento impulsado(a) y obligado(a) a actuar ante cada oportunidad para hacer realidad este deseo, y ésa es la realidad.

Este ejercicio de condicionamiento de la consciencia se ha diseñado cuidadosamente para generar los mejores resultados posibles, porque se basa en el principio creativo de la mente. Tómate el tiempo que necesites para utilizarla y te percatarás de un notable incremento en tu capacidad para generar resultados. Te irás dando cuenta poco a poco de que tu palabra tiene poder, que cuando pronuncias tu palabra ocurren cosas. Has estado utilizando este principio toda la vida, tanto si eras consciente de ello como si no. La diferencia es que ahora puedes canalizarlo o enfocarlo de tal modo que generes los resultados que deseas. Una vez más, no te dejes engañar por su simplicidad. Cometerías un grave error. Ahora dispones de una herramienta muy poderosa, que te permitirá crear lo que desees de un modo más fácil y rápido, porque estarás cooperando y fluyendo de manera consciente con el principio creativo de la mente.

Capítulo 10

¿Quién o qué te detiene?

¿Te has preguntado alguna vez por qué la mayoría de las personas siempre espera que ocurra *lo peor* y por qué sufre tanto? *El sufrimiento es la recompensa que obtenemos por ser desdichados con el fin de ser felices.* No te equivoques; en la desdicha y el sufrimiento mucha gente encuentra una tremenda recompensa, porque el sufrimiento es un comportamiento socialmente aceptable. ¡Incluso se fomenta! Hasta es posible que todo tu sistema de creencias se base en eso. ¿Te has dado cuenta alguna vez de cuán desdichadas son algunas de las canciones de amor más conocidas, como «The worst you ever gave me was the best I ever had» («Lo peor que me diste fue lo mejor que nunca tuve»)? Las tarjetas de felicitación más populares son las que muestran a un árbol o a un pájaro solitarios y las canciones de amor más populares son aquellas que hablan de soledad.

Muchas personas se van a la cama por la noche reproduciendo en su mente diálogos imaginarios sobre cómo su jefe les va a despedir, sobre la enfermedad que van a padecer o sobre cómo su pareja les va a abandonar. La solución estriba en darnos cuenta de que podemos elegir no anticipar situaciones negativas. No estoy diciendo que haya que ignorar los problemas, porque conviene enfrentarse a los retos que nos plantea la vida. Pero, si nos enfrentamos a ellos con una mente clara que no anticipe situaciones negativas, demostraremos mucha más sabiduría y dispondremos de mucha más energía para lidiar con esos problemas.

Cómo romper el patrón de preocupaciones

Lo más lamentable de preocuparse es que pasamos por la situación desagradable antes de que ocurra y, cuando el evento por último tiene lugar, rara vez es como lo habíamos anticipado. De ahí que lo hayamos vivido de manera innecesaria de la peor manera posible, hora a hora, día a día. Incluso cuando las cosas van bien, hay gente que se preocupa por el hecho de que no vayan a durar. A veces desarrollamos una hermosa relación con otra persona y la echamos a perder por la preocupación de perderla, o bien tenemos un estupendo empleo en el que nos desenvolvemos de maravilla y comenzamos a preocuparnos hasta que algo va mal y lo perdemos. Cuando estés preocupado(a), pregúntate: «¿Es constructiva mi preocupación? ¿Me dice algo que quizás convenga cambiar? ¿O es simplemente miedo, miedo a la pérdida, al abandono, al rechazo, al fracaso, o miedo a lo que quizás no haya en el futuro?». Enfréntate a la preocupación y contémplala como una ilusión que no puede existir a menos que tú le des poder y vida.

La verdad es que las preocupaciones no tienen ningún sentido. Sin embargo, ¿por qué creemos en ellas? ¿Por qué llegamos a conclusiones ilógicas ante posibles contratiempos que en realidad son improbables? ¿Te has dado cuenta de que con frecuencia decimos que algo es «demasiado bueno» para ser verdad, y que, sin embargo, no decimos que algo es «demasiado malo» para ser verdad? Esto demuestra que, en un nivel profundo, por lo general esperamos lo peor.

Preocuparse es un hábito que desarrollamos a través de la *imitación.* Da la impresión de que, en lo más profundo, no tenemos una confianza fundamental en que la vida nos sustenta, hasta el punto de que nuestra creencia base es que la vida está ahí fuera esperando a sorprendernos y que, si no nos preocupamos, nos va a encontrar con la guardia bajada.

Preocuparse es una elección

Dicho de una manera muy simple, preocuparse es una elección. Tú siempre dispones de la opción de preocuparte o no preocuparte. La preocupación surge de la creencia de que estás incapacitado(a) para responder, pero eso no es cierto en ningún caso, a menos que pienses que lo es.

El problema con las preocupaciones es que terminamos atrayendo aquello que estamos intentando evitar. Vivimos una profecía autocumplida. La vida cumple su acuerdo con nosotros a través de nuestras creencias, porque, pienses lo que pienses, eso vas a atraer. La vida es como un espejo que refleja cualquier imagen que tú le presentes.

Tú siempre sabes qué hacer

Quizás estés preocupado(a) porque no sabes qué hacer. Pero no tengas miedo. Cuando dejes de resistirte a lo desconocido, empezarás a saber qué hacer. Cada vez que tengas un problema o una crisis, busca tu propia solución y no la compartas con los demás, porque diluyes la intensidad de un problema al difundirlo, lo mismo que tu poder y la comprensión necesaria para resolverlo. Por supuesto, eso es exactamente lo que todo el mundo hace, pero convendrá que no te dejes confundir por los demás.

Puede haber veces en que un problema en los negocios, en la economía, la salud o las relaciones te parezca una montaña en comparación con la partícula de verdad que posees en estos momentos. Pero no te lo creas ni por un segundo, porque detrás de esa partícula de verdad está toda la verdad. Esa verdad se te revelará si permaneces con ella.

La próxima vez que te encuentres en una situación que te deje perplejo, haz algo del todo diferente. Fíjate, en primer lugar, en cómo tu mente busca con ansia una respuesta, o un alivio, y cómo busca consuelo. Pues bien, rompe con ese patrón. Simplemente, guarda silencio y di: «¿Qué pasaría si no necesitara el tipo de respuesta que se supone que tengo que dar?», y luego aférrate a eso. No hagas nada más y te sorprenderás con las novedosas soluciones que se te revelarán a través de la intuición. Cuando dices: «No sé qué hacer», por lo general estás queriendo decir que tienes miedo de tomar una decisión. En un nivel profundo, sí que sabes qué hacer, pero tienes miedo de cometer errores o de lo que los demás puedan pensar si aplicas esa solución. Ese intento de escapar del problema es el problema. Examina la lógica de esto. Cuando veas que tú eres el problema, que eres uno con el problema y no estás separado(a) de él, y que conviene que dejes escapar del problema, entonces todo se resolverá.

Encontrar el verdadero problema

No recurras a tu memoria ni a tus experiencias pasadas para resolver problemas. ¿Por qué? ¡Porque cuando intentas utilizar lo que *ya sabes* para resolver un problema estás utilizando la misma lógica y el mismo razonamiento que *creó el problema* en un principio!

Cuando una persona dice que tiene un problema, normalmente hay un problema más profundo detrás. Sin embargo, la gente rara vez menciona ese problema más profundo, en parte porque no es consciente de él y en parte porque no quiere admitirlo. Pero te sugiero que busques siempre el problema más profundo o factor causal.

Nunca preguntes «¿Qué puedo hacer respecto a este problema?». En toda la historia de la humanidad, nadie ha encontrado jamás la respuesta a esa pregunta, sencillamente porque no existe. Pregunta más bien «¿Qué puedo hacer *conmigo mismo*?». Ésta es una pregunta sincera y atraerá una respuesta sincera. La mente se sume en el pánico cuando se encuentra ante un problema que no puede resolver; y en esa ansiedad por aliviar la tensión recurre normalmente a una falsa solución, que genera, a su vez, otro problema, y así una y otra vez, creando un círculo vicioso.

Cómo hallar la solución

Hay una forma de terminar con todo esto: no fuerces ninguna solución y se te revelará multitud de soluciones. Se te revelará la solución idónea si no entras en pánico buscando una solución. Si agitas una brújula puedes hacer que la aguja gire y apunte en una dirección errónea. Si dejas de moverla, la aguja se asentará por sí sola y apuntará en la dirección correcta. Ésta es una buena lección para la resolución de problemas.

Podemos negarnos tranquilamente a aceptar la agitación y la confusión como algo normal y necesario. Supón que un paciente consulta a una doctora en relación con una enfermedad, y la doctora dice: «Muy bien, voy a prescribirle algunas medicinas para su *vecino*». Y supón que el paciente responde: «Gracias, me siento mucho mejor». Esta absurda lógica se interpreta un millón de veces al día en las cabezas de personas inconscientes, pero pocas lo ven. Una persona inconsciente piensa que se va a sentir mejor si los demás cambian, pero la persona consciente o sabia se da cuenta de que la medicina sólo puede curar al paciente si la toma el paciente.

La gente dice: «Él me ha hecho desdichada», o «Es culpa de ella». La única manera de liberarse de esta ilusión es ponderar día y noche este simple hecho: *cuando te golpeas una rodilla con una silla, el dolor se debe a lo que ha ocurrido en tu rodilla, no a lo que ha sucedido en la silla.*

Asumir la responsabilidad del cambio

Es cierto que hay muchísimos acontecimientos en nuestras vidas sobre los que tenemos muy poco control. Sin embargo, tenemos un control infinito sobre cómo *reaccionamos* ante esos acontecimientos, sobre todo si tienen que ver con las personas con las que nos relacionamos en nuestra vida. No podemos cambiar a los demás en su forma de ser, pero es que tampoco deberíamos de poder, porque esas personas tienen derecho a ser como son. Sin embargo, sí que podemos *cambiar la manera en la que nos relacionamos con ellas.*

Quizás tu madre prefería a tu hermana. Quizás tus progenitores querían un niño y naciste tú, que eras una niña, de modo que supusiste una decepción desde un principio. Quizás tu padre era alcohólico, o quería serlo, pero todo eso ya pasó, quedó atrás. Tal vez digas: «Estoy de acuerdo, pero es diferente en mi caso. Me están sumiendo en la desdicha. Me hicieron esto. Mi pareja me está haciendo esto otro. Mi jefa me hace tal otra cosa. No es culpa mía». Bien, por triste que pueda ser, si sigues culpando a los demás, lo único que haces es renunciar a tu poder para el cambio, y al término de tu vida terminarás diciendo: «Les di los mejores años de mi vida y no recibí nada a cambio».

También puedes adoptar una actitud santurrona, pensando que sólo tú te preocupas por el mundo. Hacerte cargo de tu vida significa ser responsable de la calidad de tu vida. Es hacerte responsable de todo lo que te sucede.

Por otra parte, la responsabilidad es lo opuesto a la dependencia. Cuando nacemos, somos del todo dependientes de otra persona para nuestra supervivencia. No nos parecemos en nada a las tortugas recién nacidas, que ya cuidan de sí mismas en cuanto salen del huevo, y jamás conocerán a sus progenitores. Los seres humanos no podemos hacer esto. Estamos indefensos. Tenemos que aprender a cuidar de nosotros mismos. Nos tienen que ayudar y, más tarde, tenemos que aprender a ser independientes. Para ello tenemos que construirnos unos cimientos basados en la autoestima y la autosuficiencia.

¿Dependencia o autosuficiencia emocional?

La mayor parte de las personas aprende a ser emocionalmente dependiente, en lugar de autosuficiente. Aprendemos pronto en la vida que «si tú me aceptas, y si yo puedo reproducir tus creencias y tus valores, me ganaré tu aprobación, y si me gano tu aprobación, tú me querrás y cuidarás de mí». La decisión que tomamos entonces es que «tú cuidas de mí, me sustentas, y yo haré lo que tú quieras». Da miedo pensar que te hallas en una situación en la cual tu vida depende del buen talante de otro ser humano. Muchas personas hemos crecido en un entorno de «o pasas por el aro o te vas». Dicho de otro modo, «has de ser lo que yo quiero que seas, o prescindiré de ti».

Sin embargo, lo que piensen los demás de ti no tiene ningún significado en absoluto. Es todo parte de una representación escénica. Los asustados actores y actrices firman unos contratos mutuos para mantener en funcionamiento el drama. Si dejaras el escenario y te dedicaras a ser tú mismo(a), perderías el miedo a que no te aprobaran los demás. Sólo un actor se preocupa por una mala representación.

La dependencia emocional procede de nuestra necesidad de tener razón y de recibir aprobación. Emerge de la necesidad de ser emocionalmente dependientes con el fin de poder sentir que nos quieren y cuidan de nosotros. Este descubrimiento es valioso, porque indica el reconocimiento de que nada fuera de ti mismo puede proporcionarte una verdadera autoestima.

No hay nadie que se haga cargo de tu vida salvo tú, a menos que tú cedas ese poder; y, si lo cedes, la gente intentará controlar tu vida. Te convencerán de que saben más que tú y que deberías escuchar sus consejos; pero ¿te has dado cuenta de cuán desdichados son tus consejeros? Parecería que lo tienen todo controlado, pero lo único que tienen es una tapadera para encubrir el hecho de que tampoco saben qué hacer. En tanto en cuanto te controlen a ti, no van a tener que ocuparse de su propia vida. Lo cierto es que nadie puede decirte qué hacer, y nadie va a poder darte algo que tú no tengas ya.

Nadie puede darte lo que tú quieres

La tensión surge cuando queremos algo de otra persona. Piensa en alguien de quien tú quieras algo y fíjate si te sientes cómodo(a) con esa persona. La tensión aparece cuando queremos algo de ella, como amor, seguridad, aprobación, reconocimiento o acuerdo. Uno cree que esa persona nos puede proporcionar esas cosas, cuando en realidad no puede hacerlo. La autorrealización anula la necesidad de buscar seguridad en los demás y nos permite sentirnos cómodos con todo el mundo. Tú no sientes ningún tipo de tensión cuando le pides pan al panadero o unos zapatos a la vendedora de una zapatería. Pagas con tu dinero y finiquitas la transacción. Sin embargo, si pides amor, seguridad y otras necesidades psicológicas, la tensión aumenta. Esto se debe a que éstos son movimientos erróneos. Eso es lo que intenta decirnos nuestro sistema interno. Ahora bien, ¿por qué es un error? Porque es un error que un árbol pida algo característico de un árbol. Porque es un error para un ser humano pedir amor, seguridad o cualquier otra cosa, porque estas cosas forman parte de nuestra propia naturaleza. Esto es algo que tienes que comprender.

Conocerse a uno mismo(a) es la clave para tener éxito en la vida. Cuando aprendes a amarte, ya no necesitas buscar amor en los demás. En vez de eso, dispondrás de una mayor capacidad para amar. No se puede controlar a una persona que sabe cómo amar. Si tú no quieres nada de nadie ya no se te puede explotar, porque ya no hay nada que nadie pueda darte con el fin de controlarte. Si no deseas nada de otra persona, habrá personas que tendrán dificultades para relacionarse contigo, porque no pueden controlarte. Sin embargo, éste es el verdadero camino hacia la libertad y la autosuficiencia emocional.

Arriesgarse al rechazo

A veces da miedo ser todo cuanto puedes ser, porque eso puede resultar perturbador para los demás. Posiblemente dirás: «Bueno, yo no quiero hacerles daño», pero tienes que comprender que la gente utiliza la frase «No me hagas daño» para que sigas haciendo lo que quiere que hagas. Dice cosas como: «¿Cómo puedes dejarme sola?», «¿Cómo puedes hacer eso?» o «¿Cómo puedes hacerme daño de esa manera?». La gente intentará manipularte diciendo: «No puedo hacerlo sin ti. Tú eres la causa de mi felicidad», etc., etc., pero lo cierto es que tú no tienes en tus manos la felicidad de nadie, del mismo modo que nadie tiene tu felicidad en sus manos. Cuando eres tú mismo(a), corres el peligro de ser rechazado(a); y, cuanto más temas el rechazo, más aprobación buscarás de los demás. Arriésgate a ser rechazado(a) ante cualquier oportunidad que se te presente, y así te liberarás para poder ser tú mismo(a). Aprende del rechazo, no de la aceptación. Comienza poco a poco y arriésgate al rechazo de tus ideas favoritas mientras observas tranquilamente cómo te afecta. Este tipo de observación derriba los muros de todo pensamiento limitador.

¿Qué significa ser consciente?

La observación es una de las herramientas más poderosas para la transformación personal, en la medida en que nos ayuda a ser más conscientes de nuestra vida. ¿Qué significa ser consciente? Significa ver las cosas tal como son, no en función de una preferencia personal, de la imaginación o de creencias ajenas.

La principal barrera para la consciencia es la ilusión de que ya somos conscientes, de ahí que admitir que no somos plenamente conscientes es lo primero que tenemos que hacer para salir de esta trampa. Cuando admitamos que quizás no lo sabemos todo, abriremos la puerta a un conocimiento más profundo y encontraremos soluciones a nuestros problemas.

Ajusta tu imagen mental

Hay multitud de estudios que demuestran que nadie es demasiado viejo ni demasiado joven para cambiar de creencias, conceptos, valores o imágenes. La mayor parte del sufrimiento que una persona padece a lo largo de su vida proviene del intento de cambiar las circunstancias externas, en vez de cambiar nuestras creencias interiores. En realidad, puedes cambiarlo todo en ti mismo(a) con bastante rapidez. Lo único que tienes que hacer es renunciar al sistema de creencias que dice que se precisa mucho tiempo para cambiar.

La mayor parte de las personas trata mejor a su televisor de lo que se tratan a sí mismas. Si el televisor necesita algún ajuste, hacen lo que haya que hacer para obtener una imagen más nítida. Y, curiosamente, la mayoría de las personas necesitan reajustes periódicos. Esto es lo que una persona creativa tiene que hacer de cuando en cuando. Recuerda, tú eres la actividad creativa más importante de tu vida, y nadie va a tratarte mejor de lo que tú estés dispuesto(a) a tratarte a ti mismo(a).

Podrás decirle a una persona cien veces que tiene que cambiar sus creencias, pero no hará nada en tanto en cuanto esa persona no se lo diga a sí misma. Y este punto se alcanza cuando el sufrimiento se hace insoportable. Cuando a la persona se le acaben los escondites, será cuando esté dispuesta a cambiar falsas creencias por realidad. Esto es algo que atemoriza en un principio, porque la persona tiene que renunciar a sus antiguas creencias y a todo lo que le resulta familiar para dirigirse hacia un signo de interrogación gigantesco, y esto genera a veces una ansiedad aceptable.

Pero ten en cuenta que la ansiedad es parte de ti, que no es más grande que tú. No es más que uno de tus sentimientos. Tú tienes muchos sentimientos y eres más grande que todos ellos. La primera punzada de ansiedad es un aviso que nos indica que prestemos atención. Es una señal. No huyas de ella. Es un sentimiento que tenemos la tentación de ignorar o evadir. Después de todo, la ansiedad resulta incómoda, de modo que la tentación que nos asalta es la de fingir que no la sentimos.

Además, a todos se nos dice que no nos asustemos, pero no puedes demostrar mayor madurez que cuando asumes tu ansiedad y te haces cargo de ella. Cuando dejas de huir y te enfrentas a ella, la ansiedad se encoge y se hace manejable, y ése es el momento oportuno para recurrir al coraje.

El coraje es, simplemente, la disposición a actuar de todos modos, a pesar del miedo. Es más probable que termines tropezando con tu ansiedad si la escondes bajo la alfombra que si la pones a la vista delante de ti.

Hay una línea muy fina entre la ansiedad y la excitación. Si no dejas que la ansiedad te detenga, podrás empujarla para que cruce la línea y se convierta en excitación, que será la que te permitirá ser más creativo(a). Pero no dejes que la ansiedad se convierta en pánico. Sé tú el jinete, no la yegua. Si tienes el coraje de aceptar tu ansiedad en vez de emprender la retirada con la primera punzada, te verás enormemente recompensado(a). Se abrirán nuevas oportunidades y posibilidades para que expreses tu ilimitado potencial.

Sé la causa, no el efecto

Tú no tienes por qué ser el efecto de las circunstancias y condiciones externas. Te propongo la siguiente ilustración para que te eleves por encima de esas condiciones y circunstancias destructivas y limitadoras. Un terremoto es un fenómeno mecánico. Todo, en ese nivel mecánico, vibra de tal modo que los edificios terminan cayendo y aplastando automóviles. Sin embargo, un terremoto no puede dañar el aire, porque el aire se encuentra *por encima* del nivel del terremoto. Y ahora fíjate en esto: si tú te hallas en el nivel de la consciencia superior o recto pensamiento, que se basa en la verdad, no podrá afectarte nada que se encuentre en un nivel mecánico o negativo. La prueba de esto es palmaria.

Muchas personas creen que carecen de la inteligencia necesaria para encontrar el camino correcto y adecuado para ellas, pero esto no es más que un malentendido. La inteligencia no tiene nada que ver con títulos universitarios ni con leer libros. La verdadera inteligencia es la disposición a intercambiar una falacia por un hecho. Nos disgusta admitir que carecemos de conocimiento porque tenemos miedo de que esto ponga en peligro nuestra seguridad psicológica, pero no nos damos cuenta de que nuestra reluctancia a cambiar trae consigo todo lo contrario. En vez de darnos seguridad, nos mantiene en la inseguridad.

No temas la incertidumbre

No tengas miedo a la incertidumbre. Nunca hay nada que temer en ella. De hecho, es posible tener mil cosas inciertas y no por ello tener miedo. Hay mucha gente en el mundo que está desconcertada y que dice que no sabe en qué creer, cuando no saber qué creer es la clave de la libertad. La mayoría de los sistemas de creencias son una combinación de superstición, candor y holgazanería mental. En realidad, no tienes por qué creer en nada, salvo en ti mismo(a), porque tú eres uno con la inteligencia omnisciente.

Si renuncias a tus viejas creencias, te abrirás a nuevas ideas que potenciarán tu vida en gran medida. Simplemente tienes que encontrar, ver y saber. Un barco atado al muelle no puede explorar el océano y una persona atada a una creencia no puede ver nada más allá de esa creencia. Como dice el dicho, «Si ves, harás, porque no hay diferencia entre ambas».

Comprende la verdad siendo uno con ella

Un científico entiende lo que es ser científico porque es uno. Del mismo modo, comprendemos la verdad siendo uno con ella. Saber *acerca* de la verdad no es lo mismo que ser *uno* con la verdad. Saber *acerca* de la verdad no es más que tener cierto conocimiento mental de la verdad. Ser UNO con ella es *ser* la verdad en sí misma, sin separación entre el conocedor y lo que se conoce.

El principio fundamental para la creación es la *unidad, y* todos los grandes maestros han transmitido este mensaje desde el principio de los tiempos. No puedes estar separado(a) de nadie ni de nada, pues no hay nada en la vida que esté separado de nosotros(a)s. ¿Cómo es posible esto? Pues porque realmente somos UNO con la inteligencia creadora.

Todos creamos en función de nuestra aceptación propia. La aceptación propia proviene del conocimiento de *quién somos* y, cuando sabemos quiénes somos, podemos crear cualquier cosa que queramos. Lo que tenemos en estos momentos es lo que hemos estado dispuestos a aceptar para nosotros hasta el momento. Todo aquello que hemos estado dispuestos a aceptar es lo que tenemos ahora. Aquello a lo que estamos abiertos se nos abre. Aquello a lo que estamos cerrados se nos cierra. Nadie puede impedir que nos llegue lo bueno. Quizás otros nos puedan detener temporalmente, pero sólo nosotros podemos hacerlo de manera permanente.

Cuidado con las INOP

A medida que te hagas más consciente de lo que eres capaz de ser, te irás encontrando con personas que se sentirán amenazadas e intentarán detenerte, pues resulta muy angustioso tener a alguien a tu alrededor cuya vida funciona cuando tu vida lo no hace. La forma en la que la mayoría de las personas gestiona esto es intentando hacer bajar a los demás a su propio nivel de pensamiento negativo.

Estas personas son las INOP del mundo. I-N-O-P se aplica a las personas que intentan influir negativamente en otras personas. Personas INOP hay por todas partes, y se mueren por ocupar un rinconcito en tu mente. Les encanta plantar sus semillas negativas en tu cabeza para verlas crecer, hasta que al final tú también te conviertes en una persona INOP. Su comportamiento autodestructivo se extiende como una enfermedad contagiosa.

Uno(a) no nace siendo una persona INOP, sino que se hace, y todos los días se hacen nuevas personas de éstas. Da la sensación de que cada persona INOP que hay sobre la faz de la Tierra siente la obligación moral de dar testimonio de la negatividad, y se esfuerza día y noche por encontrar a alguien inconsciente a quien infectar que no sospeche de ella. Ten cuidado con estas personas, y comprométete en el desarrollo de una consciencia a prueba de personas INOP; es decir, aprende a ver el lado positivo de toda situación. Con independencia de lo que ocurra en tu vida, siempre hay algo positivo en lo cual puedes centrarte. Hay personas que se levantan por la mañana y dicen: «Buenos días, Dios», y hay otras que dicen: «Por Dios, ya es de día». La elección es tuya.

¿Qué te dices?

¿Te dices «Hoy es un buen día y me siento maravillosamente bien»? ¿O eres una de esas personas que dicen «Hoy es un buen día si tenemos en cuenta que...»? Una vez más, todo es cuestión de actitudes y creencias. Nuestras creencias nos impiden alcanzar aquello que nos gustaría.

La gente dice: «¡Lo he intentado! ¡El Cielo sabe que lo he intentado! ¿Por qué será que todo lo que hago me sale mal?». Y después: «Lo voy a intentar una vez más», y tampoco funciona. ¿Por qué? No funciona porque estas personas no han establecido el tipo de creencia que les permita ir adonde quieren ir. No han puesto la vista en el punto al cual quieren ir y no creen en ello. No se han concentrado en donde quieren ir y, en cambio, se centran en donde no quieren ir.

La mayoría de los líderes mundiales hablan de lo que no va bien en el mundo, pero rara vez alguno de ellos echa un vistazo a la meta general o resultado final para ver dónde estamos y dónde queremos llegar, de tal modo que sepamos qué tenemos que hacer para llegar allí.

Mantente centrado(a) en la meta última

Esto nos plantea una importante pregunta: ¿cuál es tu meta última? Dicho de otro modo, ¿qué quieres realmente?

Y ahora, por favor, detente aquí durante un minuto. Si no puedes responder a esta pregunta, no va a haber manera de que comiences tu viaje.

La solución consiste en determinar con exactitud qué quieres e ir a por ello. ¿Puedes articular el aspecto que quieres que tenga tu vida? ¿Qué es importante para ti? Si puedes responder a esto sinceramente habrás tenido un buen comienzo y, a partir de ahí, haz el favor de tratarte con amabilidad y respeto. No te infravalores si no has estado viviendo la vida que quieres en realidad. Lo que hayas hecho en el pasado no tiene nada que ver con lo que te gustaría hacer en el presente. Respeta la vida que hayas estado viviendo, aunque te hubiera gustado cambiarla. Esto también forma parte de quererte a ti mismo(a).

Sólo tú sabes lo que realmente quieres

Supón que quieres saber cómo es Hawái y que preguntas a varias personas que han estado allí. Una persona te habla de las playas, en tanto que otra te habla de las montañas. Una tercera te informa de la gente que vive allí. Aunque toda esta información te resulta útil, tú quieres saber más, de modo que compras un billete de avión y te vas a Hawái para verla por ti mismo(a), y lo que ves cuando llegas allí no es lo mismo que te habían contado. Pues bien, esto es una ilustración de tu propio proceso de pensamiento. El resto del mundo podrá aconsejarte, pero sólo tú vas a saber qué hacer. Tienes que ansiar ver por ti mismo(a), y lo que ves por ti mismo(a) se hace tuyo. La manera de hacer las cosas es, simplemente, hacerlas. Recuerda lo que decíamos antes: tú no necesitas los detalles sobre *cómo* se hacen las cosas. Tan sólo empieza y deja que tu subconsciente creativo cuide de los detalles.

Alguien me preguntó una vez que cuál creía yo que era uno de los patrones de conducta más destructivos que una persona puede tener. Ciertamente, hay muchos comportamientos graves y autodestructivos, pero yo diría que el peor de todos es la obediencia ciega. Para mí, lo más peligroso del mundo es enseñar a la gente a hacer cosas sin que piense por sí misma. Esta mentalidad causó la muerte de millones de judíos en la Alemania nazi, y lo que el mundo necesita más que nada son personas que lo cuestionen todo y que piensen por sí mismas. Aprende a cuestionarlo todo, incluso lo que acabo de decir.

Por otra parte, jamás dudes de tus deseos. La única manera en que vas a poder saber si algo es «correcto» para ti es por *experiencia* propia. Si no es «correcto», lo averiguarás en el momento, y entonces podrás hacer correcciones. La vida es un proceso de corrección constante. Sin embargo, la mayoría de las personas teme cometer un error y por eso no hace correcciones, de modo que nunca llega adonde quiere ir. Y estoy convencido de que, en el momento de tu muerte, no lamentarás tanto *lo que hiciste mal* como las cosas que *quisiste hacer y nunca hiciste.*

¡A nadie le importa salvo a ti!

Cuando decides tu destino, por lo general escuchas una grabación en tu cabeza que dice: «¿Qué pensarán los demás? ¿Qué dirán?». Pues bien, ¿sabes qué? Que eso no importa. En última instancia tienes que pagar el precio por cualquier cosa que hagas o no hagas en tu vida. Y dado que eres tú quien sufre las consecuencias o cosecha las recompensas, ¿no será lógico que seas tú la única persona que decide tu destino?

Lo curioso de todo esto es que los demás no están tan interesados en nuestra vida como nos gustaría pensar. Mientras tú te preocupas por lo que ellos puedan pensar, ellos se están preguntando qué estarás pensando *tú* de *ellos,* de modo que bien puedes prescindir de este viaje neurótico de ida y vuelta.

La vida es un drama

Si no comprendes por qué la gente se comporta como lo hace, intenta ver la vida como un drama en el cual actores y actrices siguen un guion con precisión sin cuestionarse sus intervenciones. Si en la escena hay aflicción, aflicción será lo que se interprete, siempre y cuando los actores sigan el guion, pero la vida no es un drama fijo. Sólo parece serlo porque no nos cuestionamos los papeles que estamos interpretando, y la forma de cambiar el papel es cambiando el guion. Tú puedes reescribir el guion si no te gustan tus intervenciones.

Antes de terminar con este capítulo, me gustaría que recordáramos que nada ni nadie puede impedirnos crear la vida que deseamos. La única persona que, en última instancia, puede detenerte eres tú mismo(a) y tus propias creencias limitadoras. Toma la decisión, en este mismo momento, ahora que estás abierto y receptivo a nuevas ideas y creencias que te van a ayudar a llegar adonde quieres ir y ahora que estás dispuesto(a) a renunciar a todo aquello que te limita de un modo u otro.

Capítulo 11

Deja a un lado la esperanza y emprende la acción

Es obvio que, para poder experimentar mi máximo potencial, lo primero que tenía que hacer era dominar mi capacidad para generar resultados, pues cuando uno comienza a generar resultados y emprende la acción comienza a experimentar su propio poder como persona.

Lo que he descubierto es que todo el mundo está interesado en generar resultados, todo el mundo quiere algo, y si no tienes los que quieres en la vida no va a haber manera de que seas feliz. Eso no puedes negarlo. Puedes hacer bromas sobre ello, puedes mentir acerca de ello y puedes fingir que no es importante, pero eso no va a cambiar el hecho de que vas a seguir queriendo lo que quieres en la vida. El objetivo de este libro es ayudarte a comprender el proceso creativo, para que puedas utilizarlo de forma sistemática con el fin de conseguir lo que deseas.

Nunca alcanzarás tu máximo potencial

Todos deseamos alcanzar nuestro máximo potencial. Sin embargo, ¿conoces a alguien que lo haya conseguido? La respuesta, evidentemente, es «No», de modo que, por definición, el potencial es ilimitado. Nunca alcanzarás tu pleno potencial. Por mucho éxito que tengas, siempre quedará ahí esa vocecilla en tu cabeza que te dirá: «Lo podrías haber hecho mejor». No importa lo que hagas, siempre parecerá que podrías haberlo hecho mejor o podrías haber hecho más. Antes de que tomara consciencia de que jamás alcanzaría mi pleno potencial, cuando escuchaba esa vocecilla me sentía decepcionado. Por mucho que hubiera logrado, parecía que nunca era suficiente. No hacía más que darle vueltas a la cabeza sobre cuánto mejor podría haber hecho las cosas. Pero cuando me di cuenta de que siempre va a haber algo más o mejor, aprendí a relajarme y a disfrutar del viaje, a entusiasmarme con la experiencia en vez de empeñarme en llegar allí.

Ayuda entender que siempre podrás hacer más y tener más, pero lo más importante es el viaje, no el destino. En la vida, si alcanzas las metas porque éstas son lo más importante para ti, te habrás perdido la clave. La meta es sólo una excusa para jugar.

El nombre del juego es generar resultados

No vas a poder experimentar quién eres leyendo acerca de otras personas o viendo a otros triunfar en aquello que hacen. Vas a experimentar quién eres generando tus propios resultados. Cuantos más resultados generes, más descubrirás quién eres.

En un nivel espiritual somos perfectos, porque somos uno con la inteligencia creadora. No puede haber separación entre el creador y lo creado. Y dado que, en teoría, somos uno con la inteligencia creadora, deberíamos ser capaces de tomar decisiones perfectas en nuestra vida. Sin embargo, se nos creó con libre albedrío, lo cual significa que no siempre elegimos el mejor camino en la vida. Y lo que pasa en nuestra vida no se basa, normalmente, en este patrón espiritual perfecto, sino en nuestras decisiones y elecciones. Nosotros elegimos nuestra realidad, de modo que, ¿qué vamos a elegir? Si en el pasado elegimos la enfermedad, la carencia, las limitaciones o unas relaciones inviables, no tenemos por qué conformarnos con ello.

Podemos crear cualquier cosa que deseemos, y eso no precisa demasiado esfuerzo y trabajo. Si pensamos que conseguir lo que queremos va a necesitar muchísimo esfuerzo y trabajo, nuestra vida va a ser una lucha constante. La idea de que para conseguir lo que queremos hace falta mucho esfuerzo y trabajo no es más que otro sistema de creencias falso.

Lo único que tenemos que hacer es seguir los principios de los que se ha hablado en este libro. Y, aunque eso pueda parecer una ingente cantidad de trabajo, la aplicación sistemática de los principios tratados aquí es en realidad *menos* trabajo que no aplicarlos. Lleva más trabajo generar pobreza, enfermedad y desarmonía que crear salud, armonía y abundancia, porque la salud, la armonía y la abundancia perfectas constituyen el orden natural de las cosas.

Decide y cree

Simplificando, lo podemos resumir en lo siguiente: decide lo que quieres y cree que lo vas a conseguir. Recuerda que tu subconsciente está conectado con el ordenador principal o subconsciente universal, de modo que tu mente está configurada de esta manera: decide lo que quieres y cree en tu capacidad para conseguirlo, y tu subconsciente se ocupará de todo lo que haya que hacer para que suceda. Es tan fácil como eso.

El problema es que nos cuesta creer que sea tan sencillo, y esto porque estamos condicionados con la idea de que la vida es más complicada. Pero, una vez más, la idea de que crear lo que quieres es difícil o complicado no es más que otro sistema de creencias falso.

No vas a poder empezar en tanto no sepas lo que quieres, de manera que, si no estás seguro(a), te insto a que confíes en tu intuición. Escucha a tu intuición y ella te lo dirá.

Si te resulta difícil encontrar una respuesta, aquí tienes una pista que puede ser de utilidad. Puede que estés tan lejos del hábito de pensar por ti mismo(a) que, cuando te formulas la pregunta «¿Qué quiero?», se te quede la mente en blanco. Pero si lo planteas de la siguiente manera puede que lo vivas de un modo diferente. Pregúntate: «¿Qué me gustaría ver que ocurriera?». Esto puede resultarte más fácil. Si te lo planteas así, tu subconsciente no se va a sentir amenazado ante la idea de un cambio inminente. Después, el paso desde «qué te gustaría ver que ocurriera» a «qué quieres» ya no será tan grande. Esto, a su vez, serviría de preámbulo para la gran pregunta, que es, «¿Qué puedo hacer para que esto suceda?».

Lo importante es decidir, elegir, *algo.* Simplemente ponerse en marcha. Si te equivocas, lo descubrirás y podrás hacer correcciones, pero tienes que ser muy específico(a). Afirma específicamente qué quieres ser, hacer y tener. En cuanto hayas tomado esa decisión, tu subconsciente cambiará de la teoría a la práctica y te ayudará a crear lo que quieres.

Dale una oportunidad a una nueva idea

Un acto impulsivo no te va a dar más fuerza, porque la fuerza proviene de saber lo que quieres y tomar una decisión. Lo único que necesitas es aprender a confiar en ti mismo(a). En cuanto aprendas a confiar en ti mismo(a), comenzarás a escucharte, aunque las primeras impresiones te parezcan descabelladas y extrañas.

Así es como las ideas originales emergen en un principio, de modo que dale una oportunidad y dale vueltas en tu cabeza a esa nueva idea. Juega con ella y te percatarás de que es fascinante, y de que, a partir de una pequeña idea, puede surgir algo del todo significativo e importante en tu vida.

Muchas personas se pasan la vida esperando a que llegue un barco, y cuando llega tienen demasiado miedo como para descargar sus bodegas. La sensación de que la vida pasa de largo es muy real para la mayoría de las personas. Todos hemos tenido en algún momento de nuestra vida la sensación de que el mundo está avanzando sin que participemos en la aventura, y que seguirá haciéndolo después de que nos hayamos ido.

Con el fin de volver a introducirnos en la corriente de la vida, solemos marcarnos metas de forma precipitada y mal definida. La mayoría de estas supuestas metas ni siquiera se plasman por escrito, sino que simplemente flotan en torno a nuestra cabeza como una idea vaga. No hemos aceptado en un nivel subconsciente que *ya* tenemos lo que queremos. Convendría seguir el consejo de Juan Salvador Gaviota cuando decía: «La forma de llegar allí es sabiendo que ya has llegado».

Lo paradójico de todo esto es que debemos aceptar que tenemos algo antes de poder tenerlo, que en la mente universal ya es una realidad. Es esa *aceptación* la que lleva a ese algo desde la mente universal a la realidad física.

Deja que se abra un nuevo canal

Lo que conviene recordar, una vez has aceptado que cualquier cosa que quieras es ya tuya, es que tienes que soltarla sin expectativa alguna. Las expectativas son la forma concreta en que piensas que tu meta se ha de hacer realidad. Simplemente acepta que lo que quieres ya es tuyo. Recuerda, *aquello que quieres te quiere,* pero ten cuidado con las expectativas. No te encierres en un único canal, ya sea éste una persona, un lugar o una cosa que tú creas que va a ser el canal de tu deseo. Deja abiertos todos los canales. No cierres ninguno de ellos jamás.

Cuando aceptas lo que eliges vivir, las fuerzas del universo y tu deseo se convierten en realidad. Me doy cuenta de que esto puede no ser sencillo de comprender, pero es la forma en la que trabaja la mente creadora universal. Sin una imagen clara de lo que quieres, estarás dando vueltas sin propósito ni dirección, y quedarás cautivo(a) en las pequeñeces de tu existencia. Entonces, si alguien te cierra la puerta en las narices, eso se convertirá en una catástrofe. Pero, si le echas un vistazo al cuadro completo, todo lo que ocurre en tu vida te va a servir para llegar adonde quieres llegar.

Despréndete de las creencias relativas a cómo deberían ser las cosas

Una vez hayas decidido dónde quieres ir, tienes que renunciar a todo lo que sabes respecto a cómo llegar allí. Eso no significa que no emprendas la acción. Por desgracia, debido a las experiencias del pasado con la resolución de problemas, tenemos la tendencia a gestionar las cosas de la misma manera en que lo hemos hecho durante años. Sin embargo, la inteligencia creadora sabe siempre la forma perfecta de hacer realidad los deseos, de modo que nos guiará, pero sólo si estamos dispuestos a renunciar a nuestras antiguas creencias sobre cómo funcionan las cosas.

Se trata de un movimiento en el interior del Yo Superior. Por decirlo de otro modo, la satisfacción que sentimos en la vida es en realidad la capacidad que tenemos para renunciar a nuestras ideas acerca de cómo deberían ser las cosas antes de que las experimentemos. Cuando somos capaces de renunciar a nuestras ideas y conceptos sobre cómo deben de suceder las cosas para que seamos felices, entonces será cuando podamos participar en la vida sin temor. Sólo terminamos siendo desdichado(a)s cuando nuestros conceptos o imágenes de lo que debería de ser la vida no encajan con cómo son las cosas.

Cuando renunciamos a nuestras creencias sobre cómo deberían ser las cosas es cuando somos capaces de recibir, merced a la intuición, ideas sobre qué hacer, adónde ir, a quién conocer y a quién introducir en nuestra vida. Cuando hayamos tomado la decisión de adónde queremos ir y adónde queremos llegar, todo lo que hagamos nos conducirá allí. La idea de la relatividad se le ocurrió a Einstein estando en la cama, enfermo, de modo que las ideas pueden llegar en cualquier momento si estás abierto(a), si tienes capacidad de respuesta y estás preparado(a). Ten en cuenta que tu deseo o meta es mayor que cualquier obstáculo al que puedas enfrentarte en un momento dado. La clave está en no dejarse atrapar por lo que está sucediendo en ese momento, porque sea lo que sea que te ocurra va a estar, en última instancia, al servicio de tu objetivo.

Se te revelará el curso de acción correcto

Sé consciente del hecho de que, con el fin de aprender lo que tengas que aprender, te vas a sentir atraído(a) hacia la situación o hacia la persona que puedas necesitar en un momento dado. Lo más importante de todo es aprender las lecciones con rapidez, para después soltar y seguir adelante.

No hay nada a lo que se te impida llegar si no te lo has prohibido tú primero. Aquello que deseas ya es tuyo, pero eso ya deberías saberlo a estas alturas. Si existe alguna barrera entre tú y lo que deseas, esa barrera te será revelada, así como la manera de superarla. Cualquier cosa que necesites saber para llegar adonde quieres llegar se te revelará. En cuanto tomas la decisión de cuál es tu meta última, las fuerzas en tu interior se ponen en movimiento para que cualquier cosa que necesites saber emerja desde tu subconsciente a la mente consciente. El curso de acción correcto se te revelará siempre si confías en tu propio juicio.

Las investigaciones sobre el comportamiento humano demuestran que las personas tienden a buscar entornos en los que se sienten cómodas. En cuanto una persona desarrolla sus actitudes, buscará un entorno en el cual sus actitudes y creencias sean aceptadas y se refuerce su actual sistema de creencias. Esto significa que, si no tomamos una decisión consciente de cambiar lo que no funciona en nuestra vida, vamos a permanecer en el mismo tipo de entorno mental en el que llevamos años viviendo.

Superar el miedo al cambio

Si las creencias nos causan dolor y sufrimiento, ¿por qué no cambiar de creencias? ¿Por qué no hemos hecho lo que había que hacer para tener el tipo de vida que queremos? Porque se nos ha programado para temer los cambios. Somos adictos a la certidumbre. *Preferimos la certeza de la desdicha, antes que arriesgarnos a ser felices y sentirnos satisfechos.* Estamos programados para buscar la seguridad y la supervivencia, y también para temer lo desconocido.

Tomar una decisión dice algo acerca de ti. También es cierto que *no* tomar una decisión dice algo, asimismo, acerca de ti, de modo que no te aferres al extremo del péndulo, balanceándose de un lado a otro entre el «sí» y el «no». Meterte en tal conflicto significa que estás evitando el cambio y, al igual que una obsesión, un conflicto excesivo no deja de ser una cortina de humo.

El «sí» y el «no» del conflicto es una distracción para que no prestes atención a otra cosa. Esa otra cosa es, normalmente, «¿Qué dirán?» o «¿Y si me equivoco?». Todo cambio supone enfrentarse a lo desconocido, ir desde lo familiar hasta lo no familiar, y supone un riesgo. Si hoy mismo cambiaras de empleo, ¿cómo te sentirías? Supón que te acaban de ofrecer un empleo que implica un mayor salario, más posibilidades de promoción y mejores condiciones de trabajo. ¿No tendrías de todas formas dudas, no sentirías miedo, nerviosismo e inseguridad en lo relativo al cambio? Lo más probable es que sí. Como puedes ver, hasta cuando el cambio es positivo existe la ansiedad.

La diferencia entre las personas de éxito y las que no tienen éxito

La diferencia entre las personas de éxito y las que no tienen éxito estriba en cómo gestionan el cambio. Las personas de éxito también tienen ansiedad, pero eso no las detiene. Las personas que no tienen éxito permiten que su ansiedad las paralice.

Las personas de éxito no dejan de tener ansiedad, pero la recanalizan a través de la creatividad. Así pues, contempla todo cambio como un amigo, no como un enemigo. Llévalo contigo y deja que trabaje *para* ti en lugar de *en contra* de ti. Todas las personas ascienden por la escalera de la vida, y con cada peldaño aparecen nuevas oportunidades y nuevos obstáculos.

Quizás conozcas el «principio de Peter», que sostiene que, con el tiempo, cada persona se eleva hasta su nivel de incompetencia, para después quedarse allí porque ya es incapaz de seguir ascendiendo. Yo no creo que esto sea cierto, y creo que es el miedo al cambio el que hace que nos estanquemos, porque no nos reevaluamos ni reprogramamos con el fin de adaptarnos a los cambios. Así, nos quedamos donde estamos, que es un poquito por encima de nuestra cabeza. El principio de Peter infiere que nuestras capacidades están limitadas, pero lo cierto es que dejamos de desarrollar nuestras habilidades por miedo al cambio.

No hay forma de saberlo de antemano

En el proceso de crecimiento vas a cometer muchos errores. Desde la infancia se te programó para que observaras los errores. Es decir, se te enseñó a centrarte en lo que no hay, lo que no está, lo que debería ser y lo que podría haber sido. Por otra parte, se nos ha educado en un sistema de creencias que dice que deberíamos juzgarnos constantemente, evaluarnos y analizar si lo estamos haciendo «bien». Así, terminamos juzgándonos con tanta dureza que dejamos de generar resultados, porque tenemos miedo de cometer errores. A ti y a mí se nos ha enseñado a temer a lo desconocido, de modo que comenzamos a preocuparnos por las cosas dos semanas antes de que tengan lugar, o dos meses antes, o dos años antes, en vez de centrarnos en *lo que hay* en este momento.

Buscamos siempre certidumbres y, si no tenemos certezas, pues no nos movemos. Nos quedamos paralizados. Esto ocurre porque no nos gusta lo desconocido, pero lo cierto es que hagas lo que hagas, siempre va a haber algo desconocido, y no va a haber forma de saberlo de antemano.

Está bien cometer errores

También podrías aceptar este hecho palmario: que no hay ninguna seguridad entre la cuna y la tumba. La única seguridad que tú y yo tenemos es nuestra capacidad para crear y producir resultados, y la incertidumbre no supondría un problema si no nos limitara la creencia de que no deberíamos cometer errores.

Yo he cometido muchísimos errores en mi vida, algunos de ellos enormes, pero eso forma parte del proceso de crecimiento y maduración. Y tengo previsto cometer más errores, y algunos de ellos serán muy grandes.

Pero date cuenta de que un avión pasa el 90 % de su tiempo en el error. Conviene que le echemos un vistazo a eso. Si eres capaz de ver que puedes tomar un avión desde Nueva York a Londres, aunque haya un 90 % de error, quizás seas menos crítico(a) contigo mismo(a). Quizás te permitas cometer errores.

Un barco de vela no puede ir de un punto a otro navegando en línea recta. Tiene que hacerlo en zigzag, de modo que, en lo relativo al rumbo, siempre está en el error. Lo importante, tanto en los aviones como en los barcos de vela, es que *los errores se anulan mutuamente.*

Las personalidades sanas aprenden a corregirse

Apúntate este gran secreto de la vida: que la vida es hacer correcciones. El problema es que la mayoría de las personas son muy sensibles a que se les corrija. Pero la forma en la que responden ante la corrección no es más que un reflejo de la propia autoestima.

Si observaras tu vida hasta este momento verías que cualquier cosa que te haya pasado ha sido, por lo general, una señal de advertencia, pero siempre te has demorado hasta el último minuto para hacer la debida corrección. Probablemente tenías miedo a cometer un error, a estar equivocado, a perder la aprobación de alguien o a parecer tonto. En su mayor parte, el fracaso no es el resultado de una falta de capacidad, sino de nuestra propia reluctancia a observar, evaluar y actuar de manera correcta ante las señales de peligro en una situación dada, *antes de que esa situación se salga de control.* En esencia, no nos diferenciamos mucho de un avión. Estar en el error significa seguir el rumbo. Lo importante no es que nos hayamos salido de rumbo, sino si hacemos las correcciones pertinentes.

La mayoría de las personas no hacen correcciones porque están demasiado ocupadas protegiendo su ego. Y la mayor parte de los fracasos en la vida vienen cuando las personas se justifican y se protegen, cuando deberían estar corrigiendo el rumbo. Esa actitud, esa ansiedad por no cometer errores y por no corregir el rumbo es la fuente de la mayor parte de los fracasos. Las personas de éxito son como un avión. Están dispuestas a vivir en el error y a corregir el rumbo. En su mayor parte, los problemas a los que nos enfrentamos vienen como consecuencia de haber esperado hasta el último minuto para hacer lo que se debería haber hecho antes. Y lo que obtienes del fracaso es la experiencia de que no estás bien, pero tampoco es cierto que no lo estés.

Tú no puedes mejorar tu YO

Tú no puedes mejorar *quién eres,* el Verdadero Tú o Yo Superior, que es espiritualmente perfecto. Sin embargo, sí que puedes mejorar tu desempeño. Por pura ignorancia vas a cometer errores. ¿Y qué? Todo lo que tienes que hacer es corregir el rumbo. Recuerda que tú no eres tus resultados. Aprende a distanciarte de lo que tienes y de lo que haces. Asegúrate de tener esto muy claro, porque si no lo tienes claro vas a sufrir durante el resto de tu vida. Tu única responsabilidad es corregir el rumbo cada vez que te salgas de él porque, por mucho que te esfuerces, te vas a pasar gran parte del tiempo fuera de rumbo.

Las personas de éxito son aquellas que se pasan la vida haciendo cosas que no están seguras de cómo se hacen, pero en eso reside su aventura. No saben lo que el futuro les depara. Lo único que saben es que se han comprometido con un sendero, y que harán lo que haya que hacer para dar el siguiente paso, y eso las lleva al siguiente paso, y de ahí al siguiente paso, y así sucesivamente. Las personas que no tienen éxito se pasan la vida intimidadas y paralizadas por miedo a descubrir que viven en el error o que han cometido un error.

Toma la decisión de una vez y para siempre de no ser una de esas personas. Analiza los fracasos que hayas tenido en tu vida y sé consciente de que estabas más preocupado(a) por tener razón, por aparentar, por protegerte y por no cometer errores que por corregir el rumbo. De algún modo, nos hemos quedado con la idea de que lo único que tenemos que hacer es llegar a un punto en el que seremos suficientemente listos como para no fracasar. Pero lamento decirte que esa opción no existe. Es como intentar comer sólo una vez para siempre. No se puede hacer.

Cuanto más éxito tengas, más errores cometerás. Las personas que no hacen nada no cometen errores. En vez de ponerse en marcha y comprometerse con un curso de acción, se quedan paralizadas. Piensan que, en tanto en cuanto no hagan nada, estarán seguras. Aunque eso puede que sea cierto, el precio que pagan es que, más pronto o más tarde, se dan cuenta de que jamás realizarán sus sueños.

¡Es hora de dejar a un lado la esperanza!

Es en este punto donde tenemos que dejar a un lado la esperanza. Por lo general, decimos cosas como: «Espero que funcione», «Espero tener suficiente dinero», «Espero que la gente compre mis productos», «Espero que las cosas vayan mejor». Esperamos que alguien nos salve, que cuide de nosotros, que cambie nuestra vida, que nos haga felices y que nos traiga lo que queremos. Esperamos y esperamos, pero lo hacemos en vano. Lo que tenemos que hacer es renunciar a la esperanza.

La esperanza es la ilusión sutil de lo que podría suceder algún día. Es importante aceptar lo que quieres y hacerlo en presente; es decir, que es tuyo ya, en este instante. No utilices las palabras *esperanza, quizás, mañana* o *pronto.* Emplea AHORA, YA. La esperanza, tan valorada por muchos, carece de valor y de significado para una persona consciente. Examínalo por ti mismo y te darás cuenta de que la esperanza es una ilusión que genera los sentimientos de la desesperación y la soledad, sentimientos que estamos intentando evitar. Por otra parte, sé consciente de que trae consigo el miedo a la no consecución.

Somos prisioneros de la esperanza

Nos convertimos en prisioneros de nuestras esperanzas. *La esperanza es lo que mantiene en su lugar al sufrimiento.* La esperanza es la expectativa de que algo en el exterior, algo o alguien externo, va a venir a rescatarnos y vamos a vivir felices para siempre. Es ese impulso que nos mantiene en marcha para ir de una decepción a la siguiente, porque nos impide asumir la responsabilidad y emprender la acción.

Desprenderse de la esperanza puede ser una experiencia difícil en un principio porque, si creemos que no existen esperanzas, pensamos: «¿Cómo voy a sobrevivir?». Pero lo cierto es que no hay nada ni nadie fuera de nosotros que nos vaya a salvar. En un principio, esta verdad es difícil de aceptar, pero una vez lo hacemos, comienza a ocurrir algo curioso: que se vuelve liberadora. Al final, dejas de esperar a alguien o algo que, de todos modos, nunca aparecerá.

En cuanto renunciamos a la esperanza y dejamos de pedir que una fuente externa nos entregue algo que nosotros no podemos entregar, aparece un cambio dinámico en nuestra relación con la vida. Empezamos a optar por el avance en vez de por la evitación, y nos hacemos responsables de la calidad de nuestra vida. En la medida en que creamos en la esperanza, seremos prisioneros de ella. Sólo cuando nos transformemos en personas *desesperanzadas* será cuando asumamos la responsabilidad por nuestra vida.

Renuncia a la esperanza y actúa

Convendrá entrenarse para renunciar a la esperanza y emprender la acción, pues sólo existe una manera de conseguir la certeza respecto a qué es lo correcto para ti, y es emprendiendo la acción. Puedes pensar en lo que quieres, puedes especular con ello, puedes reunir todos los hechos y puedes ponderar las posibilidades durante el resto de tu vida, pero nunca tendrás la certeza en tanto no lo *hagas,* en tanto no actúes.

Ponerse en marcha es difícil a veces, pues nos vemos sometidos a la ley de la inercia: todo objeto en reposo precisa una cantidad de energía mucho mayor para moverse que cuando está en movimiento. Por tanto, mi consejo es que *hagas algo.* Toma una decisión, aunque sea «equivocada». Hagas lo que hagas, siempre será mejor que estar ahí sentado esperando a que las cosas cambien y mejoren.

En cuanto le digas a tu subconsciente que tú has hecho todo lo que podías hacer, confía en que él se va a ocupar del resto. El subconsciente sabe qué hacer porque está conectado con el subconsciente universal. Comienza teniendo la certeza de que ya has llegado, que en el nivel de Ser tú ya tienes cuanto necesitabas. Ya has tenido éxito, ya estás sano(a), ya eres rico(a). Vive tu visión, experimenta el amor incondicional y disfruta de la magnificencia de tu propio ser.

¿Cuántas veces te han dicho que puedes hacerlo o que puedes tenerlo todo y, sin embargo, cada vez que te lo dicen, oyes esa vocecilla en tu cabeza que dice: «En mi caso es diferente. No puedo. No soy capaz de ello. Es demasiado difícil. Tengo miedo. ¿Qué dirán? ¿Y qué pasará si no funciona? ¿Qué pasará si me equivoco?»? Es la misma vocecilla que te ha impedido alcanzar tus deseos más profundos. No tienes por qué escucharla. No es tu Verdadero Yo. Es tu ego y tu condicionamiento del pasado. Son tus viejas grabaciones mentales reproduciéndose una y otra vez. Toma la decisión consciente de programar nuevos pensamientos, nuevas ideas y creencias. Eres tú quien tiene el control. Eres tú quien elige lo que quieres pensar y lo que quieres creer.

Todo funciona con la aceptación

Hubo un tiempo en que dirigí una oficina de ventas, y uno de los vendedores que trabajaba a mis órdenes bajaba a la máquina expendedora para comprobar si había suficientes monedas para devolver cambio. Si encontraba algo allí, decía: «Hoy es mi día de suerte», y tenía un gran día de ventas. Aprendí de aquello, de tal modo que, de vez en cuando, era yo el que ponía monedas para el cambio en la máquina. Él creía que el dinero del cambio le daba suerte, y la creencia lo crea todo. Si crees, tienes fe, y la fe es la certeza absoluta de que aquello que piensas se va a hacer realidad, que la energía que envías es el resultado que recibes. La fe es la certeza de que hagas lo que hagas funcionará, si crees absolutamente que lo hará. Todo funciona con nuestra aceptación.

No existen las limitaciones

Si practicas los principios de este libro a diario conseguirás ir más allá de tu sistema de creencias, y entonces generarás resultados que te proporcionarán un nuevo sistema de creencias que, a su vez, te permitirá crecer más. Es decir, las limitaciones no existen. La única limitación es la de tu mente.

¿Has conducido alguna vez un automóvil utilizando sólo el freno de mano? El freno de mano representa el miedo, la ansiedad, la dilación y una pobre autoestima. Pero lo cierto es que, a pesar de todo, uno puede llegar adonde quiere ir utilizando el freno de mano, aunque siempre será mucho más fácil relajarse y soltar el freno. Es mucho más fácil llegar adonde quieres ir si te desprendes de todo aquello que no te sirve para conseguir lo que deseas.

Te pasas entre dieciséis y dieciocho horas al día despierto(a). Trabajas entre ocho y diez horas al día, y eres una persona disciplinada. ¿Por qué no tomarse unos cuantos minutos diarios para trabajar sobre el plan de juego del dinero, las relaciones, la salud, la profesión y el negocio que quieres? Sólo unos cuantos minutos al día, aplicando los principios que aparecen en este libro, transformarán por completo tu calidad de vida.

¿No estás harto(a) de permitir que las circunstancias te digan lo que tienes que hacer? ¿No estás harto(a) de que la gente te diga qué puedes hacer y qué no, o qué deberías hacer?

Quizás creciste en un entorno en el que te enseñaron a pensar en las limitaciones, un entorno en el que la gente resaltaba tus errores y se reía de ti cuando te equivocabas. Sin embargo, sé que en tu interior hay algo que te dice que puedes crear la vida que deseas, que puedes tenerlo todo, y a través de estas páginas se te está recordando una vez más que dispones de la capacidad inherente para crear la vida que deseas. Ése es tu destino. Recuerda, puedes tener todo lo que quieras si renuncias a la idea de que no puedes tenerlo.

Ya es hora de estar enfermo y cansado de estar enfermo y cansado. Permítete ir más allá del pensamiento positivo. Asume riesgos y comete errores. Programa tus sueños en tu subconsciente y luego di «Sí» a la vida, y descubrirás que la vida te dice «Sí» a ti.

Se te ha programado en la idea de que ver es creer, pero tú sabes que *creer es ver.* Si tú crees en algo con una fe absoluta, verás cómo se manifiesta en tu vida. Si estás esperando convertirte en algo o estás esperando a que algo ocurra antes de empezar a vivir (como alcanzar determinada edad, la jubilación, cierta cantidad de dinero en el banco, una meta, conocer a la persona adecuada), vas a vivir en un estado de expectativa permanente. Eso nunca llegará y, por tanto, nunca comenzarás realmente a vivir.

Lo que tal vez produce más angustia a los pacientes con enfermedades terminales es darse cuenta de que nunca vivieron la vida que deseaban y que ya no les queda tiempo para hacerlo. El único tiempo del que disponemos es el AHORA, y el reloj está corriendo para todos. La pregunta es: «¿Qué vamos a hacer con el tiempo que nos queda?». Éste es el momento más importante de tu vida y puede ser también el mejor momento de tu vida.

Capítulo 12

El mayor obstáculo para la felicidad y cómo superarlo

La vida es una cadena de instantes en el tiempo, de tal manera que, con frecuencia, nos descubrimos en nuestra desdicha intentando mejorar un momento del futuro. El problema es que es éste el momento en el que estamos creando lo que llamamos «futuro».

La mayoría de las personas miran hacia el futuro como ese momento en el que encontrarán la dicha y se sentirán satisfechas, pero muy pocas experimentan todo eso en el AHORA. Sin embargo, el AHORA es el único tiempo que existe. Lo que estás siendo, viviendo, pensando y sintiendo *en este preciso momento* determinará tu felicidad. También cuánto tiempo vas a dedicar a preocuparte acerca del futuro.

Tu punto de poder

Piensa en tu instante presente como tu punto de poder, porque es el único punto en el que puedes ejercer tu pleno poder. Para la mayoría de las personas, el instante presente existe exclusivamente como un concepto mental. Si existe un lugar donde todas las fuerzas creativas del universo se reúnen, ¿cómo podemos saber que ese lugar es el *instante presente?* ¿Qué evidencias existen de que esto es cierto?

Piensa en esto: todas tus esperanzas acerca del futuro, e incluso tus recuerdos del pasado, sólo pueden tener lugar en el *instante presente.*

El instante presente es ese punto en el que todo se reúne, todo se congrega.

¿Cuándo comienza la vida? ¿Cuándo termina la vida? ¿Cuándo tienen lugar la causa y el efecto? ¿Cuándo nos enfrentamos a cada problema? ¿Cuándo surgen los problemas y cuándo se resuelven? ¿Cuándo sentimos dolor? ¿Cuándo nos curamos? Todo esto ocurre en el instante presente.

Se nos ha enseñado que todos esos instantes están separados unos de otros, pero la verdad es que todos tienen lugar en el *ahora.* Con independencia de lo que ocurra en la vida, siempre es *ahora,* y después *ahora,* y luego *ahora...* siempre en el instante presente.

Nada existe fuera del AHORA.

Nada ocurrió nunca en el pasado. Ocurrió en el ahora.

Nada ocurrirá jamás en el futuro. Ocurrirá en el ahora.

Cuando piensas en el pasado, es algo que está almacenado en la mente como un *ahora* previo, y cuando piensas en el pasado, ¿cuándo lo haces? ¡Lo haces en el *ahora!*

Cuando el futuro llega, llega en el *ahora,* y cuando *piensas* en el futuro, ¿cuándo lo haces? ¡Lo haces en el *ahora*!

El pasado y el futuro no tienen realidad en sí mismos. Toman «prestadas» sus respectivas realidades del *ahora.*

La insensatez del tiempo futuro

Ideologías como el comunismo, el socialismo y cualquier otro tipo de «ismo»,[2] así como los rígidos sistemas de creencias religiosas, operan desde la suposición de que el máximo bien para todos se halla en el futuro, cuando alcancemos la felicidad, la satisfacción, la igualdad, la liberación, etc.

Con mucha frecuencia, los medios para conseguir eso implican la esclavitud, la tortura y el asesinato de personas en el presente para crear

2. Suponemos que habrá que incluir también aquí el capitalismo, el conservadurismo y el neoliberalismo. El traductor y el editor no necesariamente suscriben todas las creencias del autor. *(N. del T.)*

un mejor futuro. Por ejemplo, bajo un gobierno comunista, 50 millones de personas fueron asesinadas en Rusia y China para traer un «mundo mejor». Es éste un escalofriante ejemplo de cómo la creencia en el futuro puede generar un infierno en el presente.

¿De qué modo opera este patrón en tu vida? ¿Te pasas el tiempo intentando estar en un lugar distinto del que estás para poder ser finalmente feliz? La verdad es que *toda desdicha viene causada por la negación del presente.*

Pensamos que nuestros problemas y nuestras desdichas están causados por nuestras situaciones vitales, pero el apego al pasado y al futuro, y la negación del *ahora,* constituyen el verdadero problema. Por tanto, en última instancia, sólo existe un problema en la vida, y es que no vivimos en el *ahora.*

No se puede ser desdichado(a) *y, al mismo tiempo,* estar plenamente presente en el *ahora.* Es imposible tener un problema cuando tu atención está en el *ahora.* Cuando *vives* en el ahora, o lidias con una situación o aceptas el *ahora.* Y cada vez que tienes un problema, eso significa que estás regodeándote en una situación, y no tienes la intención sincera o la posibilidad de emprender la acción *ahora.*

Las respuestas llegan en el AHORA

Quizás estés buscando respuestas a tus preguntas o problemas, y tal vez te hayas dado cuenta de que la mayor parte de las veces no recibes respuesta. ¿Por qué? ¡Porque no estás en el instante presente cuando llega la respuesta! *Hasta que tu mente no se encuentre en el instante presente, no vas a poder recibir la respuesta que necesitas por parte de la inteligencia superior.*

La respuesta puede llegar de muchas formas y en cualquier momento, pero llega siempre en el instante presente. Si nos pasamos el tiempo lamentándonos y viviendo en el pasado, o bien preocupados por el futuro, nos *salimos* del instante presente, donde tiene lugar toda creatividad y toda respuesta. ¿No te parece absurdo desear, pedir, anhelar y rogar por algo que está muy cerca de tu corazón y que es necesario para tu vida, y luego no prestar atención cuando llega la respuesta?

El punto de poder sólo puede existir en el instante presente, pues creamos a partir de ese instante, tanto si la materialización aparece al instante como si emerge más tarde como un acontecimiento complejo. Sin embargo, toda creación tiene lugar en el *ahora*. Si comprendemos en profundidad esta verdad, dispondremos de un suministro inextinguible de energía útil.

Son exclusivamente nuestros pensamientos, actitudes y emociones del instante los que tienen poder. No es lo que nos pudo suceder en el pasado lo que nos impide vivir una vida de éxito y dicha en el presente, sino lo mucho que nos aferramos a ese pasado volviendo a vivir el trauma y el drama en el instante presente. Si nos pasamos el tiempo preocupados, reexaminando el pasado con el fin de descubrir qué es lo que no funciona en el presente, reforzaremos el mismo proceso de pensamiento que creará justo aquello de lo que estamos intentando escapar.

La energía vibratoria del AHORA

Entiende que estás enviando energía vibratoria cada instante a través de tus pensamientos. Esa energía se magnetiza y atrae hasta ti todo lo que sea similar. Si irradias la energía vibratoria del que no tiene lo que quiere, terminarás con más de lo mismo; o sea, teniendo lo que no quieres.

Si esto es cierto (y lo es), ¿qué puede haber de más ventajoso que utilizar el instante presente para enviar una energía vibratoria o pensamiento que esté en sintonía con lo que quieres en la vida? La respuesta es que *no hay nada que sea* más *ventajoso.*

Estoy hablando del poder del ENFOQUE. Pregúntate: «¿Estoy activando lo que quiero en este instante, o me estoy centrando en algo que no me permite tener lo que quiero?».

La energía está ligada al DESEO. Cualquier cosa que sientas que se opone a esa energía o deseo generará una situación que te impedirá tener lo que deseas.

Por qué nos cuesta tanto vivir en el AHORA

¿Por qué la mente se suele resistir al ahora? Porque la mente no puede tener el control en el instante presente. La mente sólo conoce tu historia personal pasada y la estructura mental acumulativa que heredaste. Y para no perder el control, la mente tiene que intentar encubrir constantemente el instante presente con lo único que conoce, el pasado.

Permíteme que te haga una pregunta: ¿puedes liberarte de tu mente siempre que quieres? ¿Sabes cómo apagar la mente en el instante presente? Si te centras constantemente en el pasado o el futuro, no vas a controlar tu mente. No estás utilizando la mente; es la mente la que te usa a ti. Y con toda probabilidad, ni siquiera sabes que eres su esclavo. Es como estar poseído sin saberlo.

Observa al pensador

Si te resulta difícil vivir en el AHORA, prueba con esto. Tómate unos momentos sólo para *observar* la tendencia habitual de la mente a escapar del ahora. Te darás cuenta de que el futuro normalmente parece mejor o peor que el presente. Si tu futuro imaginado parece mejor, te proporcionará esperanza, placer y una sensación de anticipación. Si parece peor, te generará más ansiedad. Sin embargo, ambas cosas son ilusiones.

Al hacer esto, no juzgues ni analices lo que observas. Simplemente, observa tu pensamiento, siente la emoción, observa tu reacción, conviértete en el observador silencioso. Esto te ayudará a centrarte en el instante. Y cuando te haces consciente de no estar en el presente sucede algo interesante: ¡que ESTÁS en el presente!

El origen del miedo

El motivo por el cual no saltas desde un precipicio al vacío no es por miedo. ¡Es porque SABES que existe un peligro inmediato en el hecho de estrellarse contra el fondo! Sin embargo, la *condición psicológica del miedo* no tiene nada que ver con cualquier peligro *verdadero* e *inmediato.* Llega bajo muchas formas: ansiedad, preocupación, angustia, nerviosismo, temor, fobia, miedo a la pérdida, miedo al fracaso, miedo a ser herido(a), etc. Este tipo de miedo psicológico trata siempre de algo que PODRÍA ocurrir, no de algo que esté ocurriendo *ahora.*

Libre de problemas

Cuando generas problemas, generas dolor. Si estás cansado(a) de vivir con dolor, sólo tienes que tomar una decisión, la sencilla decisión de que, ocurra lo que ocurra, no vas a generar más dolor intentando vivir en el futuro o en el pasado.

Deja que te haga un par de preguntas. ¿Estás preocupado(a) la mayor parte del tiempo? ¿Te asaltan muchos pensamientos del tipo «y si...» acerca del futuro? Si tu respuesta es «sí», pregúntate qué «problema» tienes justo *ahora,* no mañana ni dentro de cinco minutos, sino justo ahora.

Descubrirás que en el instante presente no tienes ningún problema, que todos tus problemas tienen que ver con el futuro.

¿Estás esperando para comenzar a vivir? ¿En qué medida te pasas la vida esperando a las siguientes vacaciones, un empleo mejor, a que los niños crezcan, al éxito, a tener dinero, a ser importante y a estar iluminado(a)?

Esperar es un estado mental. Básicamente, significa que no quieres el presente, que lo que deseas es el futuro. Existe un conflicto interno entre tu aquí y ahora, donde no quieres estar, y tu proyectado futuro, donde sí deseas estar.

La clave estriba en romper el patrón de la negación del instante presente y de la resistencia al instante presente. Tenemos que aprender a retirar nuestra atención del pasado y del futuro siempre que no nos resulte necesario.

Si surge una situación en la que necesitas lidiar con el *ahora,* tus acciones serán claras y decisivas *si surgen de la consciencia del instante presente.* Tu respuesta no será una reacción procedente del condicionamiento pasado de tu mente, sino de la consciencia intuitiva del momento presente de la situación.

Establecimiento de metas en el AHORA

A lo largo de este libro hemos hablado del establecimiento de metas y es importante insistir en la idea de que no hay nada de malo en esforzarte por mejorar tu situación vital. El error estriba en utilizar metas futuras para reemplazar la vivencia del AHORA.

La vida es un viaje y, mientras te halles en él, conviene saber hacia dónde vas, pero no olvides que lo único que es decididamente *real* en tu viaje son los pasos que estás dando en el instante presente.

Tu propósito interno y tu propósito externo

Tu viaje tiene un *propósito externo* y un *propósito interno.* El propósito externo es llegar a tu meta o destino, lograr lo que deseas, alcanzar lo que quieres, lo cual, evidentemente, tiene que ver con el futuro.

Pero si tu destino o tu futuro precisan tanta atención que terminan siendo más importantes que lo que te sucede ahora, entonces estarás perdiéndote el propósito del viaje interno. El propósito de tu viaje interno no tiene nada que ver con el DÓNDE estás yendo y con el QUÉ estás haciendo, y tiene todo que ver con el *ahora.* No tiene nada que ver con el futuro.

Si no comprendes tu propósito interno, terminarás fracasando en tu propósito externo. Ten en cuenta que el propósito externo es sólo un juego al que puedes seguir jugando porque disfrutas con él, y puede ocurrir que fracases a lo largo del sendero, pero no importa siempre y cuando te corrijas.

En última instancia, TODO propósito externo está condenado a «fracasar» más pronto o más tarde, porque nada en la vida es permanente. Todo tiene que cambiar más pronto o más tarde.

Cuanto antes te des cuenta de que tu propósito externo no te va a dar una satisfacción imperecedera, mejor. En cuanto veas las limitaciones de tu propósito externo podrás renunciar a esas expectativas tan poco realistas que te dicen que ese propósito te traerá la felicidad. Y lo que es más importante, lo vas a poner al servicio del propósito interno.

La clave estriba en tener tu morada en el AHORA y hacer breves visitas al pasado y al futuro cuando sea preciso. Diciendo «sí» al instante presente y sometiéndote a lo *que es,* a lo *que hay,* te darás cuenta de que la vida comienza de pronto a trabajar para ti en vez de contra ti.

VIVE el instante presente, pero has de saber que estás creando tu futuro en ese instante. Lo que buscas es equilibrar tu pensamiento. En otras palabras, vivir en el instante presente mientras le das pensamiento a algo que deseas y esperas.

La verdadera fuente de la felicidad

Mientras vives en el instante presente, la verdadera fuente de la felicidad se halla en un acto: descubrir lo que más nos entusiasma en cualquier momento del día e ir en pos de ello. Hacer aquellas cosas que nos entusiasman es la única manera de sentirnos rebosantes de alegría y de amor.

El camino para ser creativo(a) al máximo estriba en ir en pos de aquello que te deleita. Seguir lo que te entusiasma y te deleita, y hacer lo que te llega de forma *natural,* aunque no sea *fácil,* va a ser de lo más beneficioso para ti, para los que te rodean y para el mundo en general.

Atrévete a ser diferente

A lo largo de todo este libro hemos insistido en la importancia de decidir qué quieres e ir en pos de tus sueños, pero lo que le impide a mucha gente hacer esto es el miedo al rechazo o a no hacerlo suficientemente bien. Estas personas comparan lo que emerge de ellas de manera natural con lo que se considera «normal». El proceso que nos lleva a conformarnos a la sociedad comienza en la escuela. Me acuerdo de cuando estaba en primer curso, un día en que la profesora nos pidió que dibujáramos un automóvil. Cuando le presenté mi dibujo a la profesora me dijo que era muy malo y que yo no tenía talento para nada de carácter artístico. Claro está que, después de aquello, nunca más dibujé ni me involucré en ningún tema relacionado con el arte.

Tú quizás decidiste que no servías para pintar porque te estabas comparando con otra persona que quizás pintaba muy bien, pero lo cierto es que, aunque tú no pudieras pintar como Van Gogh, él sí que hubiera podido pintar como tú. La diferencia estriba en que Van Gogh creía en sí mismo y en su estilo de pintura. Ahí radica la magia.

Nadie puede hacer lo que tú haces de la forma exacta en que lo haces. Aquí hay que incluir los negocios, el arte o cualquier otra cosa en la vida. Una persona no puede juzgar la forma en que se expresa otra persona. Lo que tú haces, cualquier cosa que hagas que te permita sentirte vivo(a) y dichoso(a), es tu única y singular expresión, y es probablemente lo único que te va a proporcionar alegría y entusiasmo.

La mayoría infeliz

Por desgracia, la mayoría de las personas dedica gran parte de su tiempo a hacer lo que cree que tiene que hacer, en vez de lo que de verdad le entusiasma y lo que, por ese mismo motivo, la llevaría a la felicidad que busca.

¿En verdad podemos esperar estar alegres y felices en la vida si lo primero que nos preocupa cada mañana al despertarnos es llegar a tiempo a un trabajo que no nos proporciona ningún deleite ni entusiasmo?

Si el *70 %* de nuestros días lo llenamos con actividades que no nos proporcionan deleite, entusiasmo ni amor, el restante *30 %* no va a poder compensar todo esto. De nada te van a servir tantos seminarios, libros, meditaciones y afirmaciones.

Sin embargo, cuanto más tiempo empleamos haciendo cosas que no nos satisfacen, más dinero nos gastamos en otras cosas con el fin de intentar compensar nuestra creciente infelicidad, de manera que al final estamos aún más atados a un trabajo que nos disgusta para poder pagar nuestras deudas. Esto no es otra cosa que un círculo vicioso derrotista.

¿Has estado alguna vez en una sala con muchas personas desdichadas? ¿Cómo te sentiste? Pues bien, ahora imagina lo que miles de millones de personas desdichadas le están haciendo al planeta. Por desgracia, nos hemos acostumbrado tanto a esta energía que ya ni siquiera nos damos cuenta. Es tan espeso como la melaza, y lo es en todas partes, con la excepción de algunas bolsas de alegría aquí y allí.

Lo que todavía no hemos entendido es que el hecho de tener por ahí a miles de millones de personas haciendo algo que no quieren hacer es generar más infelicidad para todos. Esa infelicidad genera una energía colectiva que impregna el medio ambiente y causa más daños al planeta que todo lo demás junto. Es como la ira, que es capaz de generar una úlcera. La ira genera la úlcera, del mismo modo que la tristeza de la gente es muy perjudicial para el entorno.

Hay muchas personas preocupadas por el medio ambiente en el planeta que desean salvar ríos, océanos y bosques. Aunque eso pueda ser encomiable, estoy convencido de que la energía de tanta gente desdichada en este planeta está envenenando el medio ambiente *más que todo lo demás junto.*

No resolveremos los problemas medioambientales en tanto no resolvamos el *problema energético de la tristeza.* No nos damos cuenta de que los problemas físicos medioambientales están creados por la energía negativa de miles de millones de personas infelices. En vez de intentar limpiar el entorno, tenemos que limpiar el pensamiento y la desdicha de las personas, que son la causa de nuestros problemas medioambientales.[3]

A los demás puede que no les guste

Has leído una y otra vez a lo largo de este libro que *todo cambio procede del interior.* Intentar cambiar las cosas utilizando el enfoque de fuera hacia dentro es una empresa condenada al fracaso. A primera vista, esto puede parecer egoísta, pero ahora ya sabes que *sólo podemos cambiar el planeta cambiando a las personas de una en una.*

Cuando busques la alegría y el entusiasmo en la vida y te decidas a ir en pos de ellos, quizás te parezca que este proceso es un tanto egoísta.

---

3. Como ya hemos señalado antes, ni el traductor ni el editor suscribimos necesariamente todas las opiniones del autor. *(N. del T.)*

Tal vez haya personas a tu alrededor que piensen que estás siendo egoísta, pero eso es sólo porque no pueden comprender que, dejándote en paz para que vayas en pos de lo que te entusiasma, será más fácil para ellas encontrar y seguir también lo que les deleita.

Al principio, el hecho de tener a la familia alrededor puede hacer que ir en pos de lo que te deleita y entusiasma sea más complicado. En ocasiones, buscar tu deleite puede que se te antoje una empresa poco práctica y te lleve a pensar que sería mejor ocuparte de tus responsabilidades. Quizás temas de manera subconsciente echar a perder tu tiempo, o ser demasiado indulgente contigo mismo(a), en vez de ocuparte de tu familia. Al principio, el equilibrio puede ser delicado, pero, conforme transcurra el tiempo, serás mucho más feliz y la calidad del tiempo que pases con tu familia mejorará considerablemente. Además, esas otras cosas que hay que hacer te resultarán más llevaderas cuando te consientas realizarlas cuando lo estimes oportuno, en lugar de cuando crees que deberías hacerlas.

En la medida en que vayas en pos de lo que te entusiasma, la gente se percatará automáticamente de que eres más feliz y de que ahora disfrutas más de la vida. Esto le va a llamar la atención y va a hacer mella poco a poco, de manera que es posible que, en un principio, te encuentres con algunas resistencias en aquellas personas que tienes más cerca. Pero esas resistencias cederán en la medida en que te vean feliz y entusiasmado(a). La alegría es muy adictiva, y va a hacer que la gente te busque. Y conforme la gente vaya reconociendo que no está mal lo que haces y que es algo creativo, y no destructivo, intentará imitar tu proceso.

Cómo descubrir lo que te proporciona deleite

Si no estás seguro(a) de qué cosas te pueden proporcionar deleite, formúlate estas preguntas y toma nota de las respuestas:

¿Qué temas te atraen más para leer?
¿Con qué programas de radio o televisión disfrutas más?
¿Qué tipo de películas son las que más te gustan?
¿Cuáles son tus aficiones y pasatiempos favoritos?

¿Qué clase de actividades de voluntariado prefieres?
¿De qué temas disfrutas hablando con lo(a)s amigo(a)s?
¿Qué temas te vienen a la mente cuando sueñas despierto(a)?
¿Cuáles han sido tus empleos favoritos?
¿Cuáles fueron tus asignaturas preferidas en la escuela o el instituto?
¿Cuáles son tus manías?
Si te pones a garabatear en un papel, ¿qué sueles dibujar?
Si gobernaras el mundo, ¿qué cambios harías?
¿Qué clase de personas prefieres?
¿Cuáles son tus juegos favoritos?
¿Cómo describirías tus creencias políticas?
¿A quién admiras más en la vida y por qué?
¿Qué trabajos o tareas te han proporcionado los mayores éxitos?
¿Cómo te gustaría que se te recordara después de muerto(a)?
Si ganaras un millón de dólares, ¿qué harías con él?
¿Qué actividades o tareas crees que podrías hacer bien que no hayas hecho todavía?

Examina tus respuestas. ¿Observas determinado comportamiento o creencia en más de un aspecto de tu vida? ¿Qué información ves que se repita que parezca estar revelando un patrón de comportamiento? ¿Qué cosas son las que te interesan desde siempre?

Utilizando esta información, pinta un autorretrato finalizando las siguientes frases:

Me interesa principalmente...
En lo que más creo es en...
Lo que más valoro es...
Puedo hacer bien lo que viene a continuación:...
Para vivir bien, yo sólo necesito...

Ahora, pregúntate si tu actual empleo o profesión te ayuda a alcanzar lo que pones en esas cinco frases. Si lo hace, probablemente estés en el sendero correcto. Sin embargo, existe la posibilidad de que oigas por ahí dentro una voz insistente que te dice que no estás satisfaciendo tus deseos principales. Si éste fuera el caso, entonces es que ha llegado el momento de buscar un encaje mejor.

Como podrás ver, descubrir lo que te proporciona deleite y entusiasmo no es difícil. En esencia, lo único que necesitas es pensar en las cosas en las que sueñas, las cosas que tú crees que te proporcionarán placer. Una vez tengas tu lista, lo siguiente que tendrás que hacer es *eliminar de ella todo lo que constituya una evasión con respecto a lo que estás haciendo actualmente.* Hay muchas cosas que hacemos para evadirnos de situaciones que no nos resultan agradables en la vida; *esas cosas no van a ser las que te proporcionen el deleite y el entusiasmo que buscas.*

A veces hacemos cosas por motivos más profundos y, sin embargo, creemos que las hacemos porque nos proporcionan deleite. Pero si las haces en realidad por esos otros motivos más profundos, no vas a encontrar en ellas el deleite que buscas.

Es algo parecido a trabajar en un empleo que detestas con el fin de conseguir algo que deseas. Aunque pueda funcionar hasta cierto punto, al final te va a resultar muy difícil de compensar esas ocho horas de infelicidad. Recuerda que, si te esfuerzas por algo que no te deleita, vas a gastarte el doble de dinero intentando comprar algo de felicidad, lo cual te llevará a tener que trabajar aún más en eso que no te gusta.

Paso a paso

Ir en pos de lo que te deleita no supone tomar decisiones de gran alcance, como sería, por ejemplo, dejar tu empleo y pasarte los días sentado bajo un árbol. Eso no es buscar lo que te deleita; eso es escapar, evadirse. Hay una gran diferencia entre ir en pos de aquello que nos entusiasma y hacer otras cosas para escapar de una vida que no nos proporciona alegrías.

La clave estriba en encontrar, *en el instante presente,* aquello que nos genere más excitación, y luego hacer lo que sea necesario para vivir con ese entusiasmo hasta de la manera más insignificante posible. Esto genera una reacción en cadena que nos va a traer más oportunidades de hacer lo que nos encanta hacer.

Creo que cuando la gente lo pasa peor buscando su deleite es cuando intenta ganarse la vida con ello, pues me he dado cuenta de que una de las cosas que más tememos es la inseguridad económica. Por este motivo, sugiero que comiences poco a poco, siguiendo el sendero lentamente y dejando que las cosas se vayan disponiendo por sí solas.

Sin embargo, te voy a decir una cosa; cada vez que he buscado mi deleite me he encontrado con que, en última instancia, me ha compensado mucho a nivel económico. Si sigues tu verdadero deleite allá donde te lleve, y aunque ese objeto de deleite cambie cada cierto tiempo, los detalles se irán resolviendo por sí solos. Si intentas resolver todos los detalles y darle vueltas una y otra vez, te vas a volver loco(a) antes de que halles la respuesta correcta. Pero si te limitas a ir en pos de lo que te deleita y entusiasma, terminarás haciendo lo que es mejor para ti y para todos los demás.

Desees lo que desees, eso te va a estar esperando, y ya sabes que no necesitas conocer todos los detalles ni cómo hacer las cosas. Lo único que tienes que hacer es enfocarte en lo que quieres. Yo no te voy a poder liberar de tus miedos y de tus dudas por muchas páginas que escriba. Lo que tienes que hacer es confiar en ti mismo(a) y en el poder que hay dentro de ti, y saber que todo se resolverá por sí solo.

El mayor obstáculo a la felicidad es no vivir en el instante presente y no ir en pos de lo que te deleita, y la solución estriba precisamente en hacer lo contrario. Si te descubres de pronto con la mente centrada en el pasado o el futuro, acuérdate de que el instante presente es lo único que existe, y luego acepta lo que hay y comprueba que, de súbito, la vida se pone de tu parte.

Si pones el mismo esfuerzo en averiguar lo que te deleita que el que pones en ir a trabajar y hacer un trabajo que te disgusta, terminarás obteniendo resultados y pensando: «¿Por qué no lo hice antes?».

Comentarios finales

Me he dado cuenta de que, cuando llegamos a este mundo, todos lo hacemos con dos alas. Una es el ala del poder infinito. Es tu conexión con el universo y, tanto si lo sabes como si no, esa ala no deja de aletear y de darte sustento durante veinticuatro horas al día, trescientos sesenta y cinco días al año, desde ahora hasta la eternidad. La otra ala es la que has activado conscientemente. Es el ala de la acción. Esta ala tiene que esforzarse tanto como el ala del poder infinito y, cuando lo hace, te lleva a volar por un mundo de posibilidades ilimitadas, donde todo es posible. Entonces, y sólo entonces, comprenderás cuán poderoso(a) eres, y comprenderás que dispones en tu interior de todo lo que necesitas para crear lo que deseas.

Ve en pos de tu deleite, sea cual sea, y llegue como llegue, dejando que se manifieste como pueda, que sea de la forma que sea. Y deja que el deleite, el entusiasmo y una creatividad no reprimida te tallen a imagen del Creador, pues las arrugas y las grietas en nuestra cara no son un signo de la edad, sino una señal de lo mucho que nos hemos atrevido a ser fieles a nosotros mismos.

Permítete dar el siguiente paso justo en este momento. ¡Un paso que lleva más allá del pensamiento positivo!

> Si deseas otros libros y programas del doctor Robert Anthony, incluido el programa de audio «Beyond Positive Thinking», entra en su página web en www.DrRobertAnthony.com

Índice